Conhecer o Creio que professamos

Dados Internacionais de Catalogação na Publicação (CIP)
(Câmara Brasileira do Livro, SP, Brasil)

Maldonado, Oscar
  Conhecer o Creio que professamos / Oscar Maldonado. – Petrópolis, RJ : Vozes, 2021. – (Coleção Formação Cristã)

  ISBN 978-65-571-3024-7

  1. Credos 2. Espiritualidade 3. Igreja Católica 4. Oração – Cristianismo 5. Teologia 6. Vida cristã I. Título II. Série.

20-49842 CDD-248

Índices para catálogo sistemático:
1. Credos : Vida cristã : Cristianismo   248

Maria Alice Ferreira – Bibliotecária – CRB-8/7964

Coleção Formação Cristã

Oscar Maldonado

Conhecer o Creio que professamos

EDITORA
VOZES

Petrópolis

© 2021, Editora Vozes Ltda.
Rua Frei Luís, 100
25689-900 Petrópolis, RJ
www.vozes.com.br
Brasil

Todos os direitos reservados. Nenhuma parte desta obra poderá ser reproduzida ou transmitida por qualquer forma e/ou quaisquer meios (eletrônico ou mecânico, incluindo fotocópia e gravação) ou arquivada em qualquer sistema ou banco de dados sem permissão escrita da editora.

CONSELHO EDITORIAL

Diretor
Gilberto Gonçalves Garcia

Editores
Aline dos Santos Carneiro
Edrian Josué Pasini
Marilac Loraine Oleniki
Welder Lancieri Marchini

Conselheiros
Francisco Morás
Ludovico Garmus
Teobaldo Heidemann
Volney J. Berkenbrock

Secretário executivo
João Batista Kreuch

Editoração: Leonardo A.R.T. dos Santos
Diagramação: Sheilandre Desenv. Gráfico
Revisão gráfica: Nilton Braz da Rocha
Capa: WM design
Ilustração de capa: Guto Godoy

ISBN 978-65-571-3024-7

Editado conforme o novo acordo ortográfico.

Este livro foi composto e impresso pela Editora Vozes Ltda.

Sumário

Introdução, 7
1 A parte histórica, 11
2 A parte teológica, 23
3 O desafio do amém, 66
Referências, 89

Introdução

Vamos imaginar que você convida um amigo pouco habituado à vida eclesial a acompanhá-lo à missa de domingo, em sua comunidade. O seu amigo consente e, como não conhece nada da liturgia católica, no final da celebração faz uns comentários e umas perguntas: "ao lado da oração do Pai-nosso, o momento do Creio foi o mais efusivo, todas as pessoas repetiram aquelas palavras com voz firme e segura. O que é o Creio? É uma oração ou é algum tipo de juramento?" Qual seria a sua resposta a esse hipotético amigo? Certamente você começaria a pensar. Nós, católicos, rezamos ou professamos? Professar seria o mesmo que rezar? Possivelmente você daria uma resposta acorde à curiosidade desse seu amigo, uma vez que se trata apenas de curiosidade.

Mas e se os questionamentos fossem mais sérios? Como por exemplo: como você pode acreditar ainda se sabe o quanto as religiões fizeram mal no mundo? Como você pode acreditar em um Deus todo-poderoso? Como você aceita a possibilidade de Deus ser uno e trino ao mesmo tempo? A encarnação ou a ressurreição não seriam historinhas contadas para crianças? Não lhe parece tudo isso um absurdo que contraria a sua inteligência?

Esses questionamentos já existem em nossos dias e a fé precisa se justificar para existir. Não é estranho que em alguns casos ela seja questionada, quando não acontece o que é pior: ser ignorada. A indiferença é mais preocupante do que o ateísmo, uma vez que este nasce da inquietação, muitas vezes sincera, da não crença. Já a indiferença não possibilita qualquer espaço de diálogo.

Na Europa, por exemplo, em muitos países outrora cristãos, boa parte das pessoas, influenciadas pelos pensamentos modernos, vive a sua vida à margem da fé. Como não inquirir se o abandono da fé ou a indiferença seria um bem para os seres humanos? As pessoas alcançariam maior compreensão sobre elas mesmas sem a religião? Significaria maturidade humana para os homens e as mulheres, assim como para os povos, construir a vida à margem da fé e da religião? Apesar da autenticidade de tais questionamentos, as evidências não são positivas. Nenhuma sociedade se tornou mais humanizada a partir do abandono da fé. O que não reduz a responsabilidade religiosa, nem a favorece, uma vez que as críticas às religiões organizadas são pertinentes e atuais. As religiões monoteístas: o judaísmo, primeiro, o cristianismo e o islã, depois, não foram propriamente fermentos da paz mundial. Infelizmente, por onde passaram, deixaram em seus rastros lágrimas e sangue derramado. O que tampouco deve demonizá-las, já que essencialmente são boas e oferecem caminhos de realização, justiça, liberdade e fraternidade. São as deturpações que sofrem as religiões que causam escândalos e revoltas, pois, ao invés de propiciarem mais vida, provocaram divisões e ódio entre os seres humanos.

Reconhecer o nosso infeliz passado como religião oficial, durante um longo período no Ocidente, não nos torna menos culpados, mas nos abre perspectivas para recuperarmos dimensões positivas que ajudaram homens e mulheres, ao longo de mais de dois mil anos, a assumir a vida com esperança e alegria. As religiões, especialmente o cristianismo, ainda hoje têm muito a oferecer ao mundo, sempre mais carente de significado para viver.

Bastará darmos atenção aos milhares de pequenos grupos que, a cada fim de semana, se reúnem em suas comunidades para rezar e encontrar forças para resistir, em nome de Jesus Cristo. Essas pessoas afirmam solenemente acreditar que Deus é "Pai todo-poderoso, criador do céu e da terra, em Jesus Cristo seu único Filho". Para estas pessoas a fé não é absurda; pois, contrariando o que muitos imaginam, ela não fere nem contradiz a própria estrutura humana, chamada à liberdade e à comunhão.

Este pequeno livro se destina a todas as pessoas que desejam aprofundar a sua fé, começando pelo convite: *Conhecer o Creio que professamos*. Trata-se de um itinerário que procura elencar elementos históricos da profissão de fé; aspectos teológicos e, finalmente, indicações práticas. É um convite à reflexão e um auxílio no importante testemunho de vida, uma vez que a fé não pode ser uma tarefa realizada apenas a cada fim de semana. Ela deve envolver completamente a vida na comunidade onde nos encontramos.

1
A parte histórica

Nós somos cristãos: nem judeus nem muçulmanos, somos cristãos. O que parece tão óbvio tem a sua importância, uma vez que é a fé e o seguimento de Jesus Cristo que nos oferecem identidade. Aceitamos primeiro e depois professamos que Jesus Cristo é a encarnação de Deus no mundo, que nos revelou o Deus Trindade: Pai, Filho e Espírito Santo.

Somos cristãos, discípulos de Jesus Cristo, ou seja, pessoas que procuram em sua cotidianidade conhecê-lo melhor para vivê-lo melhor. Embora a nossa religião organizada insista em seus dogmas, rituais, sacramentos e confissões de fé, antes de tudo isso vem de uma pessoa que deve ser conhecida e assumida: Jesus Cristo. Ele é o centro da nossa fé, o que precisamos recordar com frequência para não reduzi-lo àquilo que não é, ou seja, um Jesus moralista, formal, feito centro de adoração e não impulso para assumir a vida no dia a dia com os seus desafios.

Em nossas comunidades professamos a fé repetindo as palavras de homens e mulheres que fizeram a experiência do Senhor ressuscitado. Esta fé herdada nos chega desde o tempo de Jesus, dos apóstolos e dos primeiros cristãos.

"Jesus Cristo ressuscitou" foi o anúncio dos primeiros seguidores do Senhor que saíram pelo mundo a testemunhar essa verdade. Essas pessoas, impelidas pela nova fé, confessaram com a palavra e a vida que Jesus Cristo é o Senhor, o Messias, o Deus no meio de nós.

É importante lembrarmos que, dentre os evangelhos canônicos, Marcos foi o primeiro a ser concluído e aceito pelas comunidades como texto sagrado. Os estudiosos afirmam que esse Evangelho teria sido concluído entre os anos 65 e 70, o que significa que se passaram mais de trinta anos desde os acontecimentos narrados. Os livros de Mateus, Lucas e João são posteriores. Em Marcos encontramos a profissão de Pedro que responde em nome dos outros apóstolos à pergunta de Jesus sobre quem Ele era: "'E vós, quem dizeis que eu sou?' Respondeu Pedro: 'Tu és o Cristo'" (Mc 8,29).

Já no Evangelho de Mateus, redigido provavelmente entre os anos 80 e 90, adotado pela Igreja Católica como o seu Evangelho preferido, encontramos a profissão de fé de Pedro com uma diferença significativa em relação a Marcos. A resposta de Pedro é: "Tu és o Cristo, o Filho de Deus vivo" (Mt 16,16). É notória a pequena mas substancial diferença entre as duas respostas. No versículo 18 Jesus afirma que "sobre esta pedra" edificará a sua Igreja. Esse texto que formalmente é utilizado para sustentar o nascimento da Igreja Católica explicita que as comunidades surgidas logo após a morte e ressurreição do Senhor se desenvolveram sob a profissão de fé dos apóstolos, neste caso representados por Pedro.

O cristianismo, religião surgida do judaísmo, procurou desde o princípio uma identidade própria. É importante ponderar essa verdade, uma vez que o cristianismo demorou certo tempo até seguir o seu próprio rumo. Podemos confirmar isso, por exemplo, com o assim chamado "primeiro concílio da Igreja", ocorrido por volta dos anos 50 em Jerusalém, quando os anciãos e apóstolos se encontraram para discutir sobre práticas e tradições judaicas às quais eram submetidos os gentios recém-convertidos. Deviam os não judeus ser obrigados a seguir costumes judaicos uma vez que seriam cristãos e não judeus? A simples existência da questão revela a simbiose do cristianismo com o judaísmo. Depois da destruição do Templo, no ano

70, a separação formal foi iminente. Os cristãos foram expulsos das sinagogas e obrigados a procurar seus próprios locais de celebração. Como não possuíam templos, os cristãos celebravam nas casas dos fiéis em pequenos grupos.

Certamente, para os primeiros seguidores, era suficiente a confissão de que Jesus era o Senhor; mais tarde, como afirma o Evangelho de Mateus, as pessoas eram batizadas em nome do Pai e do Filho e do Espírito Santo. O que revela o processo de compreensão da fé cristã. Da simples confissão de que "Jesus Cristo é o Senhor" passa-se a rituais próprios que marcam a identidade cristã primitiva.

O que deveriam crer os novos cristãos? Como deveriam agir em confronto com o judaísmo e o Império Romano? Como deveriam rezar? Como se comportar diante da possibilidade do imediato retorno do Senhor Jesus? Valia a pena pensar numa organização duradoura? O que significava confessar que Jesus é o Cristo? Ele era apenas um ser humano ou era somente Deus ou as duas coisas ao mesmo tempo?

As primeiras comunidades, os fiéis com os seus responsáveis, procuraram responder a essas e a outras questões que moveram a Igreja nascente. As respostas nunca foram fáceis. As dolorosas condenações dos hereges são amostras desse longo processo até a formação completa do nosso Credo tal como o conhecemos em nossos dias.

O que significa "credo"?

O "Credo" é o resumo dos principais pontos da fé cristã. Na Igreja Católica ficou esse nome "Credo" a partir da primeira palavra latina que o compõe: *Credo in Deum*. Costume eclesial que perdura até nossos dias, por exemplo, uma das exortações apostólicas do Papa Francisco começa com uma citação em latim do Evangelho de Mateus: "Alegrai-vos e exultai" (Mt 5,12), assim a exortação tem o título *Gaudete et Exsultate*. Compreende-se, desse modo, o nome Credo ou Creio que semanalmente professamos em nossas comunidades.

Embora não tenha sido redigido pelos apóstolos, ficou conhecido na tradição cristã como o Símbolo dos Apóstolos ou Credo Apostólico, porque expressa a fé professada desde a época dos apóstolos. Fala-se também de uma lenda recolhida por Rufino de Aquileia (345-410). Este afirma que os apóstolos, após a ascensão do Senhor, reunidos no cenáculo, cada um teria aportado um dos artigos de fé que compõem o nosso Credo (KELLY, 2009, p. 1-6). Mesmo que seja apenas uma lenda sobre a formação do Símbolo dos Apóstolos, essa história explicita a fé das primeiras comunidades que cresceram a partir dos ensinamentos dos apóstolos e discípulos.

O que é um símbolo?

No último filme do ilustre diretor Stanley Kubrick, "De olhos bem fechados", o protagonista consegue a senha para ingressar numa reunião secreta de uma comunidade de mascarados. "Fidélio" era a palavra-chave, ou seja, o símbolo que identificava a todos os iniciados daquela comunidade.

A palavra "símbolo" provém do grego "*symballo*" cujo significado é recolher ou juntar. O símbolo, na Antiguidade, era compreendido como um sinal de pertença. Uma imagem ilustrativa do seu significado pode ser a seguinte. Conta-se que existia a prática de quebrar os pratos após uma refeição comemorativa de algo importante, cada integrante levava um fragmento do utensílio para casa. Esse pedaço era chamado de símbolo, cuja unidade permitia recompor o prato, reconhecendo, desse modo, os comensais do grupo.

O símbolo remete, portanto, ao conjunto articulado da fé dos apóstolos. Assim, ao nos referirmos ao Símbolo dos Apóstolos, estamos falando de um sinal de identidade, de pertença. O cristão é aquele que conhece e procura viver em sua vida o significado desse Símbolo.

O Credo surgiu em estreita conexão com a pertença à Igreja, pela confissão de fé e pelo ritual do batismo. Eram respostas simples às perguntas em relação ao Pai, ao Filho e ao Espírito Santo. Com o passar do tempo foram acrescentados os artigos sobre a fé na Igreja Santa, a remissão dos pecados e a ressurreição da carne. O que certamente foi a base do Símbolo dos Apóstolos. Foram muitos os credos professados nas diversas comunidades cristãs ao longo da história da Igreja, desde as primeiras referências às confissões de fé esboçadas nas cartas de Paulo e nos evangelhos, assim como o Credo de Atanásio, no século VI, até o "Credo do povo de Deus" do Papa Paulo VI, publicado em 1968. No entanto, dentro da rica multiplicidade expressiva da única fé do povo de Deus, devemos citar os mais conhecidos que são esses dois: o Credo Niceno-constantinopolitano e o Credo dos Apóstolos.

Credo Niceno-constantinopolitano

Este Credo, cuja base continua sendo a fé trinitária, contém explicitações que clarificam as dúvidas surgidas ao longo do tempo, objeto de disputas e condenações heréticas.

A formulação foi aceita no I Concílio de Niceia (325), cuja preocupação principal girava em torno da divindade eterna do Filho, questionada pelo presbítero Ário (256-336). Segundo Ário, Jesus não seria nem humano nem Deus, o que indica tratar-se de um "demiurgo", um tipo de espírito criado por Deus. O Concílio de Niceia respondeu com a afirmação de que Jesus Cristo é "Deus de Deus, luz da luz, Deus verdadeiro de Deus verdadeiro, gerado, não criado, consubstancial ao Pai".

A partir do Concílio de Constantinopla (381), o Credo passou a ser conhecido como Niceno-constantinopolitano. Na ocasião, houve pequenos acréscimos referentes à humanidade de Jesus Cristo e à divindade do Espírito Santo. Além de sustentar, mais uma vez, a humanidade de Jesus Cristo, questionada pelo bispo Apolinário

(310-390), os padres, em Constantinopla, enfatizaram a fé no "Espírito Santo, Senhor que dá a vida, e procede do Pai e do Filho; e com o Pai e o Filho é adorado e glorificado".

Creio em um só Deus, Pai todo-poderoso, criador do céu e da terra, de todas as coisas visíveis e invisíveis. Creio em um só Senhor, Jesus Cristo, Filho unigênito de Deus, nascido do Pai antes de todos os séculos: Deus de Deus, luz da luz, Deus verdadeiro de Deus verdadeiro, gerado, não criado, consubstancial ao Pai. Por Ele todas as coisas foram feitas. E por nós, homens, e para nossa salvação, desceu dos céus e se encarnou pelo Espírito Santo no seio da Virgem Maria, e se fez homem. Também por nós foi crucificado sob Pôncio Pilatos; padeceu e foi sepultado. Ressuscitou ao terceiro dia, conforme as Escrituras, e subiu aos céus, onde está sentado à direita do Pai. E de novo há de vir, em sua glória, para julgar os vivos e os mortos; e o seu reino não terá fim. Creio no Espírito Santo, Senhor que dá a vida e procede do Pai e do Filho; e com o Pai e o Filho é adorado e glorificado: ele que falou pelos profetas. Creio na Igreja, una, santa, católica e apostólica. Professo um só batismo para remissão dos pecados. E espero a ressurreição dos mortos e a vida do mundo que há de vir. Amém.

Embora a definição final desse Credo tenha acontecido no ano 381, a fé expressa em seus artigos provém da época das primeiras comunidades. A Igreja, ao se encontrar com o mundo de culturas e pensamentos diferentes, teve que acrescentar os esclarecimentos necessários provindos das definições dogmáticas, que respondiam, geralmente, às heresias. É notória também a inclusão do pensamento grego em algumas notas explicativas.

No entanto, muito além da profissão de fé, em cada definição podemos perceber a vida espiritual de homens e mulheres que, ao longo do tempo, procuraram viver o seu seguimento na busca de coerência e verdade. Em cada acepção do Credo há uma história de fé que merece respeito e reverência.

O Símbolo dos Apóstolos

O Credo dos Apóstolos é o mais popular pela sua simplicidade e concisão, além de ter sido adotado também pelas Igrejas surgidas a partir da Reforma, no século XVI. Desse modo, o Símbolo dos Apóstolos, além de ser uma herança comum das Igrejas cristãs, converte-se também em possibilidade do necessário diálogo entre elas.

Devemos lembrar que o Credo não é invenção da Igreja Católica, uma vez que ele já existia na tradição judaica. Efetivamente, o povo de Israel professava a sua fé em Javé como podemos comprovar ao lermos Dt 26.

O israelita era convidado, após a sua primeira colheita, a escolher os melhores frutos para oferecer a Deus como gratidão pela terra e por ter permitido a fartura da colheita. Essa pessoa devia dirigir-se ao Templo e ali entregar as primícias ao sacerdote e proclamar então a sua fé diante do altar do Senhor.

Devia proferir a sua confissão de fé dizendo:

> Meu pai era um arameu errante que desceu ao Egito com um punhado de gente para morar como estrangeiro. Mas ele se tornou um povo grande, forte e numeroso. Então os egípcios nos maltrataram e nos oprimiram, impondo-nos uma dura escravidão. E nós clamamos ao Senhor Deus de nossos pais, e o Senhor ouviu nossa voz e viu nossa opressão, nossa fadiga e nossa angústia; o Senhor nos libertou do Egito com mão poderosa e braço estendido, no meio de grande pavor de sinais e prodígios e nos introduziu neste lugar, dando-nos esta terra, terra onde corre leite e mel. Agora, pois, trago os primeiros frutos da terra que o Senhor nos deu (Dt 26,5-10).

O judeu, desse modo, estava reconhecendo na sua história a presença de Javé, responsável pela libertação da escravidão. Ao mesmo tempo assumia a sua identidade fundamentada na salvação ofertada por Deus, que ao ouvir o clamor libertou o seu povo. É o reconhecimento da presença constante de Deus na história do seu povo. Proclamar tal Credo é assumir a identidade judaica.

Não temos como deixar de comparar com os cristãos que aos domingos, em suas comunidades, também dizem com voz firme que creem em Deus: no Pai e criador e no Filho que se encarnou por amor e no Espírito Santo que age na história humana e na Igreja do Senhor. E todos concluem com um sonoro "amém". Eis a identidade cristã que afirma acolher com a confissão pública, em sua vida íntima, o Deus da vida.

Desde os primeiros modos de assumir a fé em Jesus Cristo nas comunidades primitivas até os nossos dias, procuramos refletir sobre o sentido do nosso Credo para vivê-lo melhor. A aceitação de Jesus Cristo como o coração da nossa fé foi e será sempre fundamental.

Nos primórdios era suficiente a confissão de Jesus Cristo como Senhor para que alguém fosse reconhecido cristão conforme testemunham as cartas de Paulo aos romanos e aos filipenses. "Portanto, se com a tua boca confessares o Senhor Jesus e com teu coração creres que Deus o ressuscitou dos mortos, serás salvo" (Rm 10,9). "E toda língua confesse que Jesus Cristo é o Senhor, para a glória de Deus Pai" (Fl 2,11). A pessoa pronunciava, solenemente, que Jesus Cristo é o Senhor e desse modo começava a fazer parte da comunidade cristã. Com o decorrer do tempo e a organização da Igreja, surgiram os rituais próprios como o Batismo e a confissão pública da fé.

Na Primeira Carta a Timóteo encontramos uma passagem onde Paulo recorda ao remetente a sua profissão de fé e a necessária vivência reta do professado: "Combate o bom combate da fé, conquista a vida eterna, para a qual foste chamado e da qual fizeste solene profissão diante de muitas testemunhas" (1Tm 6,12).

No que se refere ao anúncio ou kerigma, encontramos na Primeira Carta aos Coríntios uma bela síntese da profissão de fé das primeiras comunidades. Paulo afirma que está repassando o que ele mesmo recebera dos outros irmãos:

> Na verdade, eu vos transmiti, em primeiro lugar, o que eu mesmo recebi: Cristo morreu por nossos pecados, segundo as Escrituras; que foi sepultado; que ressuscitou ao terceiro dia, segundo as Escrituras, e que apareceu a Cefas, depois aos Doze. Posteriormente apareceu a mais de quinhentos irmãos de uma vez, dos quais muitos ainda vivem, outros já morreram. Depois apareceu a Tiago, depois a todos os apóstolos. E depois de todos, como a um filho abortivo, apareceu também a mim, que sou o menor dos apóstolos. Nem sou digno de ser chamado apóstolo, pois persegui a Igreja de Deus. Mas pela graça de Deus sou o que sou, e a graça que me conferiu não foi estéril. Ao contrário, tenho trabalhado mais do que todos eles, mas não eu e sim a graça de Deus comigo. Pois tanto eu como eles é assim que pregamos e foi assim que crestes (1Cor 15,3-11).

O que resulta extremamente importante é perceber que a fé das primeiras comunidades estava centrada no reconhecimento de Jesus Cristo como Senhor, morto e ressuscitado por Deus Pai. Por essa razão, a fé dos cristãos estava bem alicerçada. Nestas cartas, ficamos sabendo de uma tradição que certamente perpassou as comunidades que provinha diretamente dos apóstolos e de Paulo que, por sua vez, recebeu para anunciar depois. Assim, o núcleo da fé dessas primeiras comunidades cristãs era Jesus. É bom lembrar que ainda não existiam afirmações abstratas, filosóficas sobre a fé. O que existia era a experiência de uma pessoa, um acontecimento: Jesus Cristo encarnado que morreu e ressuscitou. Eis o coração da fé cristã, que se expressava na profissão de fé.

Como afirmamos acima, a confissão de fé foi associada ao ritual do Batismo. São muitos os textos bíblicos que tratam sobre o Batismo.

A seguir dois textos evangélicos, o primeiro de Marcos: "Ide por todo o mundo e pregai o Evangelho a toda criatura. Quem crer e for batizado, será salvo; mas quem não crer, será condenado" (Mc 16,15-16). O segundo de Mateus: "Ide, pois, fazei discípulos meus todos os povos, batizando-os em nome do Pai e do Filho e do Espírito Santo, ensinando-os a observar tudo quanto vos mandei. E eis que estou convosco todos os dias até o fim do mundo" (Mt 28,19-20). Também encontramos informações preciosas na *Apologia* de São Justino (100-161). Acredita-se que o documento tenha sido escrito antes do ano 150, daí sua importância como testemunho da tradição que estava se desenvolvendo.

> Todos os que se convencem e acreditam que são verdadeiras essas coisas que nós ensinamos e dizemos, e prometem que poderão viver de acordo com elas, são instruídos, em primeiro lugar, para que, com o jejum, orem e peçam perdão a Deus por seus pecados anteriormente cometidos, e nós oramos e jejuamos juntamente com eles. Depois os conduzimos a um lugar onde haja água e, pelo mesmo banho de regeneração com que também nós fomos regenerados, eles são regenerados, pois então tomam na água o banho em nome de Deus, Pai soberano do universo, e de nosso Salvador Jesus Cristo e do Espírito Santo (JUSTINO, 2014, p. 55).

Outro testemunho não menos importante nos chega pela *Didaqué*, que seria do primeiro século do cristianismo. No capítulo VII, o texto afirma:

> Quanto ao Batismo, procedam assim: Depois de ditas todas essas coisas, batizem em água corrente, em nome do Pai e do Filho e do Espírito Santo. Se você não tem água corrente, batize em outra água; se não puder batizar em água fria, faça-o em água quente. Na falta de uma e outra, derrame três vezes a água sobre a cabeça, em nome do Pai e do Filho e do Espírito Santo. Antes do Batismo, tanto aquele que batiza como aquele que vai ser batizado, e se

outros puderem também, observem o jejum. Àquele que vai ser batizado, você deverá ordenar jejum de um ou dois dias (*Didaqué*, 2014, p. 202).

No século IV, Ambrósio de Milão (339-397) no segundo volume *Sobre os sacramentos* narrou como era uma cerimônia batismal.

Foste interrogado: "Crês em Deus Pai onipotente?" Respondeste: "Creio". E entraste na água, isto é, foste sepultado. De novo te perguntaram: "Crês em nosso Senhor Jesus Cristo e na sua cruz?" Respondeste: "Creio". E entraste na água. Foste assim sepultado com Cristo [cf. Rm 6,4]. Com efeito, aquele que é sepultado com Cristo, ressurge com Cristo. Pela terceira vez te perguntaram: "Crês no Espírito Santo?" Respondeste: "Creio". E entraste na água pela terceira vez, a fim de que a tríplice confissão absolvesse as inúmeras faltas da vida passada (AMBRÓSIO, 2014, p. 27).

As citações acima explicitam a compreensão trinitária da confissão de fé em face do Batismo. Certamente é um importante testemunho sobre o ritual, mas ao mesmo tempo a convicção da fé trinitária que vem desde a época das primeiras comunidades.

Conhecemos, desse modo, a importância do ritual batismal para a Igreja primitiva. Durante o Tempo da Quaresma os convertidos eram preparados com instruções adequadas em relação ao coração da fé cristã e da Igreja. E, por fim, professavam a fé publicamente e eram batizados dando ao ritual toda a solenidade, expressando a beleza e a alegria por celebrar a vida nova, pois era dia de Páscoa.

Confessar publicamente a fé e acolher o batismo era um gesto de coragem no mundo dos primeiros seguidores de Jesus Cristo, no qual ser cristão não significava ser bem-visto ou algo pacífico. Daí a importância do testemunho público, da profissão de fé diante da comunidade, pois com o Batismo afirmava-se estar pronto para o testemunho, talvez até para o martírio.

Com o crescimento da Igreja o encontro com diversas culturas era uma realidade. Assim, além das perseguições, surgiram também as controvérsias sobre a fé cristã. Uns posicionaram-se explicitamente e outros, com boa intenção, desejando defender a ortodoxia, caíram em extremos. Surgiam os movimentos que conhecemos como heresias. Diante dessa realidade a Igreja viu-se obrigada a esclarecer a sua doutrina confessada na forma do Credo.

Podemos afirmar que o nome de *Symbolum Apostolurum* e a história de suas origens apostólicas somente aparecem por volta do ano 400. A sua popularização, no entanto, aconteceu muito depois.

A sua característica narrativa permitiu que os fiéis o decorassem com facilidade e, desde o momento de sua adoção pela Igreja de Roma, por volta de 750, foi substituindo gradualmente os outros credos, especialmente o Niceno-constantinopolitano. Teria sido o Imperador Carlos Magno (745-814) a promover a sua divulgação na Igreja ocidental.

Desde então, por mais de mil anos, esse Credo é repetido nas Igrejas cristãs ocidentais, servindo como um elo ininterrupto, desde as primeiras comunidades que confessaram que "Jesus é o Senhor", depois a fé trinitária no ritual do Batismo, passando pelas Igrejas perseguidas, pelas Igrejas da Cristandade até chegar aos nossos tempos. O Símbolo dos Apóstolos, carregado de história e sentido, une os primeiros cristãos a todos os outros fiéis que cada fim de semana proclamam:

> Creio em Deus, Pai todo-poderoso, Criador do céu e da terra; em Jesus Cristo, seu único Filho, Nosso Senhor, que foi concebido pelo poder do Espírito Santo; nasceu da Virgem Maria; padeceu sob Pôncio Pilatos, foi crucificado, morto e sepultado; desceu à mansão dos mortos; ressuscitou ao terceiro dia; subiu aos céus, onde está sentado à direita de Deus Pai todo-poderoso, de onde há de vir a julgar os vivos e os mortos. Creio no Espírito Santo. Na Santa Igreja Católica; na comunhão dos santos; na remissão dos pecados; na ressurreição da carne; na vida eterna. Amém.

2
A parte teológica

Creio em Deus Pai

A nossa fé cristã se fundamenta na entrada de Deus no mundo, na encarnação do Filho na história. Somos cristãos porque um grupo de homens e mulheres testemunharam com a vida que o Senhor Jesus estava vivo, que ressuscitara. Eis a nossa certidão de nascimento. Aceitar essa verdade é reconhecer a importância da história, da cultura, do tempo e do ser humano. Antes desse inaudito acontecimento, o povo de Israel se deparou com o Deus Javé, que se deixou encontrar pelo caminho da história. Essa experiência pode ser visualizada pelo caminho de um longo relacionamento de amor entre o povo e o seu Deus.

Israel deseja saber como é Deus, qual é o seu nome. Ele não se mostra mais do que como uma luz imensa, incapaz de ser enfrentada. Deus age por seus intermediários, os seus profetas. Decide "descer" para libertar o seu povo da escravidão no Egito. Oferece o seu caminho de vida por meio de mandamentos para iluminar a vida de seu povo e coloca, no futuro, a promessa de uma terra fértil que terá de ser conquistada. Deus não revela o seu nome, diz apenas que É o que É.

O que acabamos de descrever ilustra o modo como Israel compreendeu Deus e procurou expressar com o único meio possível que a sua cultura permitia: as palavras. Primeiro de modo oral, narrando e recontando histórias e, mais tarde, nos registros escritos. O Deus sem nome JHWH, Javé, "Aquele que é", era compreendido com qualidades masculinas. Ele é o Senhor[1].

Quando asseveramos que cremos em Deus Pai, servimo-nos de uma linguagem cultural, tão limitada para a complexa tarefa de expressar o ilimitado. A cultura dominante no Oriente até nossos dias é o patriarcalismo, de modo que a figura representativa somente poderia ser masculina.

O despertar da teologia feminista nos lembrou, com razão e lucidez, que seria muito melhor afirmarmos que Deus não pode ser apenas um pai ou uma mãe, mas deveria certamente conjugar ambas as qualidades que, certamente, continuam limitadas para nos referirmos a Ele. Para a nossa tranquilidade, com a encarnação de Deus em Jesus Cristo, ficamos sabendo que Deus tem sim um coração de mãe, pois, conforme o Evangelista Lucas, Deus seria como um pai que aguarda todos os dias o retorno de seu filho que saíra pelo mundo a viver a sua vida. Esse gesto, na verdade, é até hoje uma característica tipicamente maternal: aguardar que o filho ou a filha retorne.

O intuito aqui não é nos adentrarmos em discussões, mas provocar reflexão sobre os conceitos que temos em nossa cabeça sobre Deus. Importante reconhecermos que o nosso modo conceitual de acolhermos Deus sempre será limitado, uma vez que o fazemos a partir de uma cultura limitada e da pobreza da nossa linguagem. Aqui devemos pensar na vivência real que temos de Deus, ou seja, em quem realmente é o Deus da nossa vida, e neste caso teremos de abandonar

---

1 Embora houvesse a proibição de nomear Deus, Israel encontrou vários modos de se referir a Deus. Eis alguns exemplos: Elohim: *Deus* (Gn 1,1); Adonai: *Senhor* (Gn 2,4b; Ex 4,11; 15,3); El eljon: *Deus Altíssimo* (Gn 14,19; Sl 57,3); El shaddai: *Deus onipotente* (Gn 17,1; 28,3; 35,11); Elohe Israel: *Deus de Israel* (Gn 33,30; Ex 5,1; Jz 5,3); Elohe haivri'im: *Deus dos hebreus* (Ex 3,18; 5,3; 7,16; 9,1.13; 10,3); Abinu: *Nosso pai* (Ex 4,22s.; Dt 8,5; 32,6; Jr 31,9; Os 11,1); Melekh: *Rei* (Nm 23,21; Dt 33,5); Jhwh z'baot: *Senhor dos exércitos* (1Sm 1,3.11; 4,4; 15,2); El elohim Jhwh: *O Deus dos deuses, o Senhor* (Sl 50,1).

os termos conceituais para nos adentramos na experiência espiritual real que responda à pergunta: como acolho Deus em minha vida?

Crer em Deus Pai manifesta a nossa compreensão do Deus amor tal como nos revelou Jesus Cristo, o Filho: "quem me conhece, conhece o Pai". Temos consciência de que se trata de uma imagem humana, longe do mistério transcendental que é Deus. É muito bom que o mistério seja resguardado, que Deus continue sendo Deus, assim como nos lembrou o Profeta Miqueias. Deixe que Deus seja Deus, você procure praticar a justiça e caminhe humildemente com Ele (cf. Mq 6,8). Não asseveramos com isso que não devemos procurar termos mais adequados e abrangentes para nos referirmos a Deus, uma vez que o conceito "pai" não revela a grandiosidade expressada. Trocá-lo por outro conceito afim não resolveria o problema. Talvez devamos acrescentar outros conceitos que enriqueçam a fragilidade do que desejamos enunciar; mas, mesmo assim, tais características seriam limitadas.

Deus Pai todo-poderoso

Se na atualidade temos certas dificuldades em compreender Deus com o conceito antropológico "pai", certamente a sua qualidade "todo-poderoso" exigirá ainda mais atenção. O que significa afirmar que temos fé num Deus todo-poderoso? Como deve ser compreendido esse atributo?

Os senhores todo-poderosos de nosso tempo podem nos confundir ainda mais ao pensarmos em Deus como o todo-poderoso. Esses senhores todo-poderosos que ameaçam seus vizinhos com bombas atômicas, que mandam prender imigrantes e separar bebês de seus pais, que não suportam nenhum tipo de manifestação contrária aos seus poderes totalitários, desvirtuam o poder de Deus. A associação imediata que fazemos do conceito "todo-poderoso" com os carrascos ditadores da história torna ainda mais difícil compreendê-lo no âmbito teológico.

O que nos consola é que esse atributo concedido a Deus está ao lado de outra qualidade, "Pai todo-poderoso". Deus é um pai antes de ser todo-poderoso. Aqui devemos recorrer mais uma vez às palavras, cientes das suas fragilidades. Jesus Cristo privilegiou o termo aramaico *"abba"*, que significa paizinho, para dirigir-se carinhosamente a Deus em suas orações (cf. Mc 14,36). Compreender Deus como Pai, tal como nos revelou Jesus, nos permite escapar de outros conceitos da época como "Deus supremo", "uno" ou "Pai de todas as coisas" que herdamos da cultura filosófica grega. O termo *"abba"* nos aproxima de Deus, e é esta aproximação que deve conduzir a nossa compreensão do Deus todo-poderoso.

Deus sendo Deus é o que é como afirma Israel: Jhwh. O que nos alerta sobre a distância da nossa ignorância em seu confronto. Deus É sem nós e nós, criaturas, somos nele. Mas, ao mesmo tempo, não podemos ignorar o que os profetas antigos revelaram de Deus e menos ainda o que Jesus Cristo nos mostrou: que Deus é *"abba"*. Essa revelação nos ajuda a compreender melhor o sentido de dizer que Ele é todo-poderoso. Sem negar a sua força criadora, a sua potência amorosa para sair de si mesmo, compreendemos que o ser "todo-poderoso" de Deus se depreende da sua paternidade.

Entretanto, como pode ser todo-poderoso e não fazer nada diante das catástrofes humanas? – questionam alguns. Como acreditar em um Deus todo-poderoso que permite a banalidade do mal no mundo? – indagam outros. Somam-se outras interrogações que certamente não encontram respostas fáceis. No entanto, essas mesmas perguntas nos confirmam que Deus todo-poderoso não deve ser compreendido como as forças poderosas deste mundo, capazes de "resolver tudo" com o poder e, frequentemente, com violência. Deus é todo-poderoso porque é Deus, porque na sua liberdade decidiu criar como um ato de amor. Do mesmo modo, a encarnação é compreendida como uma *kénosis*, esvaziamento, cujo significado compreendemos no gesto de amor que o levou a se entregar completamente por amar toda a criação em geral, e aos seus filhos, em particular.

A encarnação, da qual falaremos mais adiante, é compreensível apenas no âmbito da gratuidade e do amor, não como expressão do poderio de Deus. Aqui devemos recorrer mais uma vez àquilo que compreendemos e que nos vem da experiência humana. O amor é um modo de fragilidade; mas, ao mesmo tempo, de poder. É preciso ser poderoso para se entregar, para confiar plenamente nos outros, para se esvaziar. É preciso muita força para amar até o fim. Os pais sabem muito bem o sacrifício que exige o amor: cuidar todos os dias, estar dispostos sempre para os filhos. O amor é para os fortes porque é o modo mais singelo de fragilidade. É compreensível que um Deus que ama e que por amor criou tudo e enviou o seu filho ao mundo seja todo-poderoso, pois seu poderio nada tem a ver com o poder humano, mas com a força do amor.

Criador do céu e da terra

O texto hebraico das Escrituras começa com duas belas narrativas sobre a criação. Embora não sejam os textos mais antigos, foram colocados, por razões óbvias, no início do Livro do Gênesis. Trata-se de uma verdade fundamental, cujo significado precisa ser atualizado sempre, uma vez que expressa o ato criador de Deus como princípio de tudo. Deus é criador. Eis a verdade fundamental.

Desse modo ingressamos num terreno árido de encontro hostil, especialmente em tempos modernos, entre a fé e a razão. Relação conflitiva, cheia de tensões ao longo de dois milênios de história. Como sabemos, a fé, para se expressar, precisa de mediações, sejam culturais, linguísticas ou filosóficas. Desse modo a fé cristã centrou-se na novidade da encarnação de Deus em Jesus Cristo, lançando mão das mediações disponíveis naquele momento. O platonismo era o modelo ideal para se expressar, para anunciar a verdade mais bela do projeto salvífico: a entrada de Deus na nossa história.

O platonismo reinterpretado afirmava a existência de um lugar ideal, onde a perfeição reinava de modo que a realidade mundana não passaria de uma ilusão passageira. O cristianismo afirmava que este mundo devia ser compreendido como uma passagem e que o destino era o paraíso, lugar de perfeição e de encontro com Deus, de eterna felicidade. Esse exemplo ajuda na compreensão de como é importante uma linguagem, neste caso, a filosofia grega, para a expressão da verdade, realizada pela Igreja em nome da missionariedade, pois era preciso anunciar a beleza do cristianismo ao mundo inteiro.

Jesus Cristo era o centro da vida eclesial. Como não poderia ser diferente, era o Deus encarnado para salvar o ser humano de seus pecados. A teologia que perpassou toda a Idade Média tinha essa característica simplificada ao máximo. O ser humano é pecador desde o ventre de sua mãe e forma a comunidade pecadora que é a humanidade, necessitada de redenção. Jesus Cristo encarnado é a resposta do Pai que enviou o seu Filho como a bela notícia salvadora. Após a sua morte e ressurreição, deixou a Igreja como mediadora do seu ato salvador. A Igreja no mundo era a mediação para uma vida serena e confiante que caminha na direção do encontro final com o Pai. A Igreja possuía mecanismos que asseguravam aos fiéis uma vida serena até a passagem para a outra vida. Uma teologia que funcionou maravilhosamente durante séculos até o surgimento dos questionamentos que até os nossos dias nunca mais cessaram.

A teologia católica tinha optado pela leitura compreensiva da vinda do Filho de Deus, exclusivamente, como salvação dos pecados. Na catequese a resposta estava na ponta da língua. Por que Jesus Cristo veio ao mundo? Para nos salvar de nossos pecados. Certamente não era uma resposta errada, mas hoje, sabemos, é insuficiente.

No Concílio Vaticano II, no documento *Dei Verbum*, encontramos como motivo da encarnação de Deus em Jesus Cristo uma razão muito mais bela, existente já nos evangelhos, mas deixada de lado para privilegiar uma teologia, que em seu momento era o mais conveniente: o amor. Rapidamente devemos notar que essa interpretação não nega a primeira afirmação. Mas é compreendida de modo mais amplo: Jesus Cristo veio ao mundo porque nos ama, o seu amor pode curar, salvar, purificar e fazer renascer esta humanidade cada vez mais descrente (cf. *DV* 2).

Assim, a compreensão do Pai Criador foi deixada de lado. As atenções ficaram concentradas em uma imagem de Jesus Cristo. Consequentemente, a Igreja acabou adotando uma teologia fundamentada no pecado original. Essa afirmação, como sabemos, também se baseia nas narrativas iniciais do Gênesis. Os nossos primeiros pais pecaram e a consequência de seus atos atinge a humanidade inteira e perpassa todos os tempos.

Não se trata de negar essa verdade, mas essa opção primeira de compreensão da encarnação do Filho motivada apenas para nos salvar de nossos pecados, além de ser limitada, resulta hoje perigosa. A teologia antiga, fundamentada no pecado original, colocara como base de sua afirmação as figuras de Adão e Eva, com uma leitura literal. Em nossos dias, com o advento das ciências críticas, ler os textos de Gênesis ao pé da letra, como se diz, resulta insustentável e poderia levar à relativização da própria encarnação.

A teologia precisa valorizar a verdade do Deus criador, privilegiar o ato criador como a expressão mais bela e gratuita de Deus que fez tudo quanto existe e tudo que fez "era muito bom". Sem o intuito de negar ou relativizar a realidade pecadora do ser humano, a teologia precisa, antes de tudo, aprofundar a teologia da criação. Com muita frequência, nos esquecemos desse princípio, Deus criador, para sublinhar a condição pecadora do ser humano. É como se a nossa teologia começasse do pecado original e não do ato criador de Deus. O pecado é posterior e não por isso menos importante, mas a criação é primordial e preambular. Tudo o que existe nasceu das mãos generosas de Deus: o universo, o nosso mundo, a natureza, todos os seres humanos. Tudo é expressão graciosa do amor de Deus. A criação vem antes, como o procedimento criativo e transcendental, o ato humano é posterior e limitado. Equiparar ações divinas e humanas seria um equívoco, haja vista a distância abissal entre as duas atuações. Depreende-se disso a força da criação de Deus, cuja consequência de gratuidade e beleza deveria chegar até nós ainda hoje. Em outras palavras, a criação de Deus pode ser compreendida como uma bênção divina inicial.

O testemunho bíblico afirma uma verdade importante: Deus é Criador do céu e da terra. E, no meio dessa criação, Ele fez o ser humano à sua imagem e semelhança. A Sagrada Escritura não pretende discutir com a ciência, uma vez que não tem essa finalidade. O que a Escritura expressa é que cada ser humano no mundo é obra do amor criativo de Deus – esta é a sua verdade de fé. O modo como isso aconteceu não é o mais importante para a Bíblia. As duas narrativas sobre a mesma verdade no Livro do Gênesis deixam claro que não há problema em outras narrativas ou interpretações[2].

A ciência afirma que houve uma evolução da vida: formas inferiores evoluíram a fim de alcançar estágios mais complexos até chegar

---

2 Na primeira narrativa Deus disse: "Façamos o homem à nossa imagem e segundo nossa semelhança. [...] Deus criou o homem à sua imagem, à imagem de Deus o criou, macho e fêmea Ele os criou" (Gn 1,26-27); na segunda narrativa vemos como Deus formou o homem: "Então o senhor Deus formou o homem do pó da terra, soprou-lhe nas narinas o sopro da vida e o homem se tornou ser vivo" (Gn 2,7). Nesse mesmo capítulo, no versículo 21 podemos ler como Deus formou a mulher a partir de uma parte do corpo do homem. Mais uma vez se confirma, desse modo, que o ser humano é obra do Deus criador.

ao ser humano. A palavra-chave da ciência é a "evolução". Segundo a Teoria da Evolução, pode ter havido evolução da vida (da mente, da linguagem). Ficou popularizada a ideia do "evolucionismo" que afirma que uma espécie de macaco foi evoluindo até chegar ao ser humano. Embora essa visão seja muito popular, na comunidade científica não é a mais aceita. Trata-se de uma caricatura da teoria da evolução.

Algo semelhante aconteceu com a teologia. O conceito "criacionismo" se popularizou até se tornar também uma caricatura, isto é, a ideia de que Deus tomou a argila, criou o homem desse barro, tirou uma costela e criou a mulher. São imagens caricaturais de uma verdade de fé.

A teoria da evolução é a ciência que está a caminho, continua estudando, procurando responder às inúmeras interrogações sobre a origem do ser humano, o que não deveria, de forma alguma, ser ridicularizada pelas ideias dos "macacos inteligentes", pelo menos até que possa ser demonstrada. A teoria da evolução é muito mais complexa do que a sua caricatura. Da mesma forma, a fé num Deus criador não deveria ser reduzida a uma imagem caricatural do barro ou da costela de Adão, pois a fé num Deus criador não exclui, de modo algum, que possa ter havido evolução. A Igreja Católica, por muito tempo arredia à ciência, foi mudando a sua percepção e vendo-a não como inimiga, mas como importante aliada no fascinante caminho da compreensão do enigma humano.

Razão científica e fé teológica não deveriam se excluir *a priori*. A teologia sadia sabe acolher sempre as outras ciências em diálogo respeitoso, uma vez que não está em jogo demonstrar a existência ou a inexistência de Deus, mas elucidar os caminhos humanos para cuidar da vida e da única casa comum onde todos podemos existir. Em 1950, o Papa Pio XII deu um passo importante ao acolher a plausibilidade da teoria da evolução[3]. Isso abriu uma porta extraordinária para o diálogo

---

3 O Papa Pio XII com a encíclica *Humani Generis* (1950) aceitou a plausibilidade da evolução. Afirmou que o "magistério da Igreja não proíbe o estudo da doutrina

entre as outras ciências e a teologia. Com tal plausibilidade, a Igreja reconhece a probabilidade da evolução da vida, embora não abdique da sua verdade de que na origem da mesma esteja o ato criador de Deus. Acolher a possibilidade da evolução não significa de modo algum ceder ao embate da teoria evolucionista, mas abrir-se à contribuição da ciência na compreensão do surgimento da vida. Em meios cristãos reacionários ainda existe resistência em abandonar o criacionismo que, como tínhamos dito, é uma caricatura do Deus criador. A teologia católica vem trabalhando numa teologia da criação que procura repensar a criação a partir do ato criativo de Deus. Em outras palavras, a teologia parte da verdade de que o Senhor da vida é Deus. A ciência poderá elucidar, algum dia, como surgiu e se desenvolveu a vida. Uma teologia aberta ao diálogo deverá se posicionar como parceira dessas buscas humanas.

Creio em Jesus Cristo, seu único filho, nosso Senhor

Ao assegurarmos que Jesus Cristo é a Boa-nova, o Evangelho de Lucas nos auxilia nesse entendimento, pois nele encontramos, desde os primeiros capítulos até o final, a compreensão do Senhor como o "rosto carinhoso do Pai" que se mostrou no Filho. Jesus Cristo revela que Deus é um Pai misericordioso.

Lucas escreve seu Evangelho tendo como pano de fundo o judaísmo da época de Jesus. O Anjo Gabriel fora enviado ao Templo para o sacerdote chamado Zacarias, a quem anuncia que será pai – embora tanto ele quanto a esposa Isabel fossem estéreis pela idade avançada. Compreendemos que Zacarias e Isabel representam a religião do Templo que, naquele momento específico, ao invés de ser caminho de salvação, estava sendo empecilho, não permitindo que todos tivessem uma relação sadia com Deus. O mesmo anjo foi enviado a uma casa,

---

do evolucionismo, que busca a origem do corpo humano em matéria viva preexistente".

onde habitava uma menina cheia de vida, comprometida com um homem chamado José, a quem anuncia que será a mãe do Filho de Deus. Maria e José são as imagens do novo, da bela notícia de que Deus decidiu ingressar em nossa história (cf. Lc 1,18-38).

Algum tempo depois encontramos o filho de Zacarias e Isabel no deserto. João Batista, diferentemente do pai, preferiu seguir seu próprio caminho e não ser sacerdote, como seria seu direito. Fora ao deserto procurar sabedoria para iniciar um movimento conhecido como o "batista". Acreditava na predisposição humana, convidava os judeus à conversão, à confissão pública dos pecados e ao batismo (cf. Lc 3,1-20). João Batista estava convencido de que certas atitudes humanas poderiam não forçar nem apressar, mas propiciar o tempo messiânico. O tempo de Deus era iminente para o profeta que foi ao deserto pregar a urgência da conversão.

A sua pregação não poderia ser considerada "boa-nova", uma vez que apresentava a Deus como alguém que colocara o machado na raiz da árvore, pronto para cortá-la. Era a imagem de um Deus juiz capaz de absolver ou condenar. As árvores que não produzissem frutos bons seriam jogadas no fogo. Essa linguagem apocalíptica certamente não poderia ser uma boa-nova. Para Lucas era importante esse pano de fundo para apresentar Jesus Cristo como a autêntica "Boa-nova", isto é, Deus compreendido como Pai misericordioso revelado pelo Filho. Jesus Cristo sim é a boa notícia.

Jesus Cristo é o rosto carinhoso do Pai, por Ele ficamos sabendo muito de Deus; não tudo, porque Ele continuará sendo um mistério. Mas o suficiente para que a nossa vida encontre uma direção cheia de significado. Compreendemos que o sonho humano de uma vida digna se encontra com a proposta do Reino de Deus apregoado por Jesus. Desse modo, podemos ter certeza de que não existe uma discrepância entre o humano e a religião. O Concílio Vaticano II afirma que, com Jesus, sabemos o suficiente para a nossa salvação, compreendendo "salvação" como uma vida em Deus aqui mesmo, no mundo e na esperança futura. Essa segunda parte ainda é uma perspectiva; sem perdê-la de vista, somos obrigados a nos concentrar no "aqui e agora", neste nosso mundo, na sociedade onde vivemos, tal como fez Jesus no meio de nós.

Jesus é o Filho que, com as suas palavras, ações, atitudes, revelou o rosto do Pai. Em todo o Antigo Testamento houve essa dificuldade compreensiva de Deus como alguém capaz de chegar até os seus filhos. A distância foi vencida com a encarnação. Desse modo, crer em Jesus Cristo é acreditar no Pai; aceitar o Filho é aceitar o Pai. Assumir na vida a proposta do Reino de Deus é assentir à vontade do Pai. Assim, Jesus Cristo revela que é o único Filho, cuja proposta de vida nos irmana. A ressurreição o tornou Senhor do mundo, o início e o fim, alfa e ômega, nosso Senhor.

Assumir Jesus Cristo como nosso Senhor significa tomá-lo com seriedade, tomar o projeto do Reino no mundo como um projeto pessoal na comunidade que comunga da mesma fé. Jesus Cristo é o único Filho, nosso Senhor, único Senhor. Isso significa que não devemos ter outros senhores. Não se trata da antiga compreensão do Deus ciumento, mas do Deus amoroso que não deseja que seus filhos e filhas tenham outros senhores porque entre nós devemos ser, antes de tudo, irmãos. Deuses que manipulam e não desejam a liberdade de seus filhos e filhas não passam de ídolos. Jesus Cristo, nosso Senhor, veio para nos oferecer liberdade e para que a nossa vida seja uma vida abundante.

Concebido pelo poder do Espírito Santo, nascido da Virgem Maria

A bela imagem narrada pelo Evangelista Lucas surge mais uma vez como cenário. O anjo, a divindade, vem ao mundo para anunciar a uma moça que será a mãe do Menino Deus (cf. Lc 1,26-38). Eis o encontro do divino com o humano. A criança nascerá sob o poder do Espírito Santo. Muitos teólogos refletiram sobre esse mistério. Deus se encarna, nasce de uma criatura; mas, diferentemente das narrativas culturais míticas, sejam egípcias ou gregas, esse acontecimento não obedece à curiosidade divina, à vingança ou apenas a caprichos dos seres divinos que descem à terra para criarem semideuses seduzindo as mulheres. Esse fato tem em comum a causa e a finalidade. Deus decide encarnar-se por amor e para o amor. A sua encarnação tem a característica do amor gratuito e salvífico, escapando assim de outras finalidades que estariam apenas no âmbito dos desejos e das fantasias dos seres humanos. A encarnação tem o realismo do amor que se entrega até o fim.

É fundamental lembrarmos que as narrativas bíblicas são expressões posteriores aos fatos narrados. Em outras palavras, os evangelhos que descrevem o nascimento de Jesus o fazem a partir da confissão de fé: Jesus Cristo é o Messias, é o nosso Senhor. O Evangelho mais antigo, Marcos, escrito mais ou menos trinta anos após a morte de Jesus, não faz menção ao nascimento de Jesus. Começa a sua narrativa com o anúncio da boa notícia, "Evangelho de Jesus Cristo, Filho de Deus" (Mc 1,1). A seguir, apresenta a João Batista batizando no deserto. Não há uma preocupação por mostrar a origem de Jesus Cristo, talvez porque se julgasse desnecessária a explicação a uma comunidade que sabia a origem do Ressuscitado. Do mesmo modo, o último Evangelho, o de João, escrito ao redor do ano 100, não menciona o nascimento virginal de Jesus, mas faz uma leitura teológica que coloca Cristo no início da criação.

Os dois evangelhos que descrevem o nascimento de Jesus são Mateus e Lucas. As diferenças entre as duas narrativas são visíveis, até contraditórias em algumas passagens. Para Mateus, foram reis magos os que vieram encontrar o Menino na manjedoura (cf. Mt 2,1-11); mas, para Lucas, foram simples pastores conduzidos por anjos, sendo as primeiras testemunhas das maravilhas realizadas por Deus (cf. Lc 2,8-20). Para Mateus, o menino Jesus teve de ser conduzido num pequeno êxodo para o Egito para escapar do perigo de Herodes, que mandou matar crianças inocentes (cf. Mt 2,13-23). Lucas, no entanto, mostra o menino no Templo, ao ser apresentado pelos seus pais, onde foi reconhecido por Simeão, homem piedoso que esperava o advento do Messias, e por Ana, uma profetisa, anciã que aguardava o resgate de Jerusalém (cf. Lc 2,25-38).

Dito isso, podemos notar que os dois evangelistas narram a partir da única profissão de fé. O que estão narrando corrobora o Ressuscitado. Estão convencidos que estão falando do Filho de Deus, cuja origem, por um lado, é divina, e, por outro, é humana. Jesus nasceu da Virgem Maria.

Houve um tempo, na história eclesial, de valorização exagerada da virgindade a partir de uma antropologia equivocada, cuja raiz vem do desprezo de tudo que não tivesse relação com o espiritual. São influências, certamente, de pensamentos dicotômicos, ambíguos e pessimistas. A virgindade fora colocada como ideal de perfeição expressada na vida religiosa que exigia a vida celibatária, em detrimento do matrimônio. Não eram raras as ocasiões nas quais as pessoas suplicavam aos consagrados: "vocês que são religiosos intercedam por nós, pois estão mais perto de Deus".

Devemos lembrar que em todos os textos do Novo Testamento apenas Mateus e Lucas se referem ao nascimento virginal, o que de modo algum diminui a sua importância, mas alerta para uma verdade fundamental: que a centralidade das narrativas neotestamentárias não está na virgindade de Maria, mas na origem de Jesus Cristo. Ele é Filho de Deus e nascido de uma mulher. Certamente já existia, nos tempos que foram escritos esses dois evangelhos, pelos anos 80-90, a preocupação por deixar clara esta verdade. O Encarnado não é fruto de um deus grego que decidiu vir seduzir uma donzela, mas a encarnação do amor que acontece pela força do Espírito de Deus, cuja presença incorpórea auxilia para evitar qualquer associação com narrativas míticas conhecidas na época. O Espírito Santo não assume nenhum formato como poderia fazê-lo como ocorrera, por exemplo, no caso do batismo narrado por Mateus. "Depois de batizado, Jesus saiu logo da água. E eis que se lhe abriram os céus. E viu o Espírito de Deus descer como uma pomba e pousar sobre Ele" (Mt 3,16). A afirmação é clara: Jesus Cristo é o Filho de Deus. Eis a centralidade evangélica. Alguns poderão inquirir se o fato pode ser considerado histórico ou não. A partir do que dissemos acima, das narrativas de Mateus e Lucas, discrepantes nos detalhes, devemos afirmar que não há uma preocupação histórica factual. O que não significa que a virgindade de Maria deva ser compreendida apenas em sentido simbólico, embora a sua riqueza simbólica seja imensa e extremamente interessante.

A virgindade, compreendida não apenas como física, nos leva a extrapolar o seu significado, nos conduz a perceber a dignidade do ser humano como um todo. O que torna digna uma pessoa não é a sua sexualidade, mas a sua condição de filho e filha de Deus. Eis apenas um exemplo do que a reflexão sobre o tema poderia nos proporcionar na busca da valorização do ser humano na sua integralidade.

Privilegiar a virgindade biológica é perder a centralidade da mensagem evangélica, uma vez que tudo está a serviço da confissão de fé das primeiras comunidades, isto é, Jesus Cristo é verdadeiramente Deus e verdadeiramente homem. Filho de Deus, nascido de mulher! Devemos repetir que o Novo Testamento não tem nenhuma intenção de exaltar a virgindade de Maria, o que resulta compreensível ao lermos o Evangelho de Marcos que não faz sequer menção ao fato, pois entende que a centralidade evangélica não é o modo do nascimento de Jesus, mas a novidade da sua Pessoa.

Padeceu sob Pôncio Pilatos, foi crucificado, morto e sepultado, desceu à mansão dos mortos

Os evangelistas diferem na hora de narrar o sofrimento de Jesus. Alguns são mais comedidos na exposição dos sofrimentos. Marcos procura mostrar as fraquezas humanas, as dúvidas diante da morte. Um bom exemplo é o momento da oração no Monte das Oliveiras: conforme esse evangelista, Jesus sentiu uma tristeza profunda, ficou prostrado diante do Pai, pedindo forças para enfrentar o momento decisivo que se aproximava. "E lhes dizia: Triste está minha alma até à morte; ficai aqui e vigiai. Adiantou-se um pouco, caiu por terra e pedia que se fosse possível passasse dele aquela hora" (Mc 14,34-35).

Condenado pelo poder romano, sob o poder de Pôncio Pilatos[4], os soldados o torturaram: "Vestiram-lhe um manto de púrpura, e o coroaram com uma coroa tecida de espinhos e começaram a saudá-lo: 'Salve, rei dos judeus'. Batiam-lhe na cabeça com uma cana, cuspiam nele e curvavam o joelho para reverenciá-lo" (Mc 15,17-19). Ofereceram-lhe vinho com mirra, repartiram suas roupas e o crucificaram em meio a dois bandidos. Os passantes o insultavam, assim como um dos que foram crucificados com Ele. Chegada a hora, Jesus deu o seu último grito, segundo Marcos. "*Eloí, Eloí, lemá sabachtani.* Que quer dizer: Deus meu, Deus meu, por que me abandonaste?" (Mc 15,34b).

Lucas não é tão detalhista na hora de narrar o sofrimento de Jesus. Na sua versão da oração no Monte das Oliveiras, Jesus se mostra mais tranquilo e confiante. Embora sentisse tristeza e estivesse em agonia, manteve-se firme, graças à intervenção do Pai que envia anjos para

---

4 Pode parecer estranho que apareça o nome de uma autoridade romana em nosso Credo, no entanto mostra a preocupação da Igreja de contextualizar e valorizar o ambiente histórico que resultou na morte do Senhor.

consolá-lo. "Pai, se queres, afasta de mim este cálice; contudo não se faça a minha vontade, mas a tua. Apareceu-lhe um anjo do céu que o confortava" (Lc 22,42-43). Diferentemente do Evangelho de Marcos, em Lucas, Jesus encontra os seus discípulos dormindo apenas uma vez e os exorta a que se mantenham atentos para não sucumbirem na prova. Além de Pilatos, também Herodes entra em cena no Evangelho de Lucas. Ao saber o primeiro que Jesus era da Galileia, decide enviá-lo ao segundo que na ocasião estava na cidade de Jerusalém. Herodes, pelo poder totalitário do qual era mais um representante, apenas aumentou o desprezo de Jesus pelo império. Decide devolvê-lo a Pilatos. As duas autoridades, que eram inimigas, desde aquela data reataram as boas relações, nos informa Lucas.

Embora Pilatos afirme não encontrar motivos para crucificar Jesus, os sumos sacerdotes, os chefes e o povo exigiram que o Senhor fosse crucificado. Lucas insiste que Pilatos teria feito o possível para libertar Jesus, mas finalmente cedeu ao pedido daqueles que o condenaram antecipadamente. O caminho da crucifixão tampouco foi tão dramático, pois "ao conduzi-lo, lançaram mão de certo Simão de Cirene, que vinha do campo, e o encarregaram de levar a cruz atrás de Jesus" (Lc 23,26). Do alto da cruz, Jesus reza pedindo que aqueles que o condenaram fossem perdoados, porque agiam por ignorância. "Pai, perdoa-lhes porque não sabem o que fazem" (Lc 23,34).

Crucificado no meio de dois malfeitores, um deles também caçoava assim como "os chefes". Segundo Lucas, antes da morte do Senhor, houve sinais da natureza; toda a região ficou escurecida, embora fosse meio-dia. Aos sinais da natureza juntou-se outro no Templo: o véu rasgou-se pelo meio. Nesse instante Jesus gritou, mas não questionando o motivo do "abandono" do Pai como acontecera no Evangelho de Marcos. O seu grito é de confiança plena: "Pai, em tuas mãos entrego o meu espírito" (Lc 23,46).

As narrativas evangélicas, embora sejam divergentes, concordam que Jesus foi condenado à morte conforme leis romanas, representadas por Pôncio Pilatos, mas a condenação foi decidida muito antes pelas autoridades do Templo.

Os primeiros cristãos confessaram, desde o começo, que Jesus Cristo era Deus; mas, ao mesmo tempo, humano. Isso refletirá mais tarde na definição do nosso Credo. Alguém que se encarna com realismo na história humana não pode escapar do sofrimento, mesmo que seja Deus. O Senhor assumiu de maneira plena a humanidade. Esse movimento é chamado de *kénosis*, termo que significa esvaziamento. Quem ama sabe da fragilidade a que se impõe no ato de amar. Deus assumiu a humanidade e com ela todas as suas contradições. Experimentou certamente o amor das pessoas, mas também a traição, a ingratidão e a violência.

Alguns leitores se perguntarão sobre o sentido de um "Deus que sofre e morre". Pode Deus sofrer, pode Deus morrer? Continuaria sendo Deus se fosse tão semelhante a um ser humano? Se entendermos Deus como os filósofos, certamente seria impossível imaginar que Deus possa sofrer e morrer. Mas, se aceitarmos o inaudito, a encarnação de Deus, nesse gesto gratuito e amoroso encontraremos indicações para essas perguntas. Um Deus distante, transcendental, estático, perfeito, não poderia ter sentimentos ou sensações como os seres humanos. No entanto, quando acontece na nossa história uma novidade como a encarnação, devemos aceitar a possibilidade real de que o Encarnado possa experimentar tudo o que os demais seres humanos experienciam.

Na narrativa da condenação, no processo tolerado e na crucifixão advertimos o realismo do sofrimento de Jesus. Ele realmente padeceu e certamente foi um sofrimento completo que afetou não apenas a sua dimensão humana, mas todo o seu ser. Eis a consequência da encarnação realista. O dogma cristológico afirma que Jesus Cristo assumiu completamente a humanidade, menos o pecado. Em outras palavras, Jesus Cristo foi totalmente Deus e totalmente ser humano. A nossa fé nos informa que era o Deus encarnado a gritar desde a cruz, seja para perguntar o sentido do abandono, em Marcos, seja para entregar, confiantemente, a sua vida nas mãos do Pai, em Lucas. A verdade das testemunhas afirma que Ele padeceu, foi morto e sepultado.

De modo que compreendermos Deus que decidiu na sua liberdade ingressar até a nossa realidade histórica, assumindo a humanidade completamente, submetido à dura realidade contraditória do mundo, é aceitar a possibilidade do sofrimento e da morte. Caso contrário a encarnação seria uma fantasia ao modo dos antigos deuses gregos, cujos caprichos eram piores do que os dos seres humanos. A sepultura de Jesus indica o realismo da encarnação e a seriedade decorrente da livre decisão de Deus: revelar-se em seu Filho no mundo como a boa notícia de amor por cada um de seus filhos e filhas.

A referência do Símbolo dos Apóstolos à descida de Jesus à mansão dos mortos é uma continuação do realismo da morte. A crucifixão, a morte e o sepultamento foram fatos reais, aconteceram mesmo. Jesus Cristo, embora tenha falado sobre a importância de se manter desperto, prevenido, para não desfalecer diante da hora mais escura que se aproximava, e tenha implorado forças ao Pai para suportar a cruz da morte violenta, assumiu tudo. Entregue ao seu projeto de amor, projeto do Reino de Deus, sabia que o sentido do amor autêntico se revela nas horas difíceis. A condição humana pode testemunhar de diferentes modos essa verdade. Quantas mães se entregam pelos seus filhos por amor, dispostas a dar a vida por eles?

A intervenção do Pai no momento da crucifixão seria negar a vida, os ensinamentos e todo o projeto do Reino de seu Filho. A intervenção do Pai aconteceria depois. Jesus assumiu o sofrimento e a morte não como uma negação, mas como uma verdade que se depreende da condição contraditória e pecadora da humanidade.

O sofrimento perpetrado contra o inocente é fruto da maldade no mundo. Quantas dores, humilhações e mortes já sofreram os pobres desta terra? A morte de Jesus não deve servir de consolo às vítimas ou para acalmar a consciência daqueles que ainda hoje se entregam à iniquidade da corrupção que é o modo moderno de condenar populações inteiras ao sofrimento e à morte.

Jesus Cristo fez a experiência da morte com realismo. Deus morreu como consequência da maldade humana. Esteve na mansão dos mortos, na escuridão perene, na solidão absoluta. E a sua vitória sobre a morte e a iniquidade deve ser um grito de confiança para os cristãos, que ainda hoje, com a seriedade da sua fé comprometida e adulta, podem testemunhar o projeto do Reino na busca pela vida abundante como fez o Mestre.

Ressuscitou ao terceiro dia

O grito de Jesus no alto da cruz agora tem uma resposta, não como muitos esperariam, mas de modo insólito. O Pai reage exaltando o seu Filho, devolvendo-o à sua existência. Não se trata de um novo nascimento, de uma vida completamente nova, mas trata-se de restituição para continuar a vida. A ressurreição, distante de outras doutrinas, consiste na recriação da pessoa integralmente.

Os antigos gregos, por exemplo, celebravam a morte com entusiasmo, pois viam nela a possibilidade de libertação. A alma finalmente se libertaria da prisão do corpo. A antropologia bíblica, por sua vez, afirma que com a morte o ser humano termina a sua caminhada neste mundo. Diante da morte não há mais nada a ser feito, pois ela é irremediável. Desse modo, para a nossa fé de raiz bíblica, compreendemos o ser humano como unidade, ou seja, ele é uno na vida e na morte.

A morte significa o fim no âmbito terreno, uma vez que o próximo estágio dependerá absolutamente do amor criativo de Deus Pai.

Apenas o Pai é capaz de nos devolver a vida. A ressurreição significa ser recriado, de modo que se recupera a identidade, o ser, o eu. Eis a novidade: Jesus ressuscitou, está vivo.

As testemunhas bíblicas afirmam que, ao aparecer, Jesus não foi reconhecido pelos seus amigos. No encontro do jardim, Maria não o reconhece, só o fará ao ouvir a sua voz, indicando que o Ressuscitado estava ali com o seu corpo recriado, corpo celeste (cf. Jo 20,13-16). São pequenas indicações que os evangelhos nos deixam como testemunhas para que possamos acreditar.

As informações dos evangelhos sinóticos convergem em alguns pontos essenciais. Por exemplo, são unânimes em asseverar que as primeiras testemunhas foram mulheres; afirmam que Jesus apareceu aos seus discípulos antes de elevar-se para junto do Pai e que os enviou a anunciar o seu nome pelo mundo. No entanto, cada Evangelho tem suas peculiaridades.

O Evangelista Marcos (16,1-20) é breve na sua narrativa da ressurreição, mas não deixa de lado os pontos importantes como as mulheres que foram ao sepulcro, a dúvida dos apóstolos e o envio. Entretanto, algo peculiar aconteceu; trata-se de uma pequena informação: os doze reconhecem o Ressuscitado quando estavam à mesa. Esse fato abre espaço para pensarmos sobre a importância que tinha esse lugar para Jesus e seus amigos, certamente um espaço de encontro e de gratuidade. Quem sabe, indique algo da importância da mesa, do pão da vida e da comunhão.

O Evangelho de Lucas (24,1-53) também começa a narrativa da ressurreição com o testemunho das mulheres, Maria Madalena, Maria de Tiago e Joana. Lucas desenvolveu, a partir da informação deixada por Marcos de que Jesus tinha aparecido para "dois deles no campo", uma extraordinária catequese. Trata-se dos discípulos de Emaús (Lc 24,13-35). O texto busca responder às perguntas formuladas por aqueles que não conviveram com Jesus, ou seja, a própria comunidade formada por cristãos de segunda e terceira geração. A questão seria: como posso fazer a experiência do Senhor ressuscitado uma vez que não o conheci? A narrativa indica três possibilidades que, no fim, devem ser relacionadas entre si. A primeira é ouvir atentamente o que o Senhor tem a nos dizer. Como? Por meio da Sagrada Escritura, que poderá despertar o nosso interior, fazer arder o nosso coração. A segunda consiste na partilha do pão, que certamente abrirá os nossos olhos. O terceiro modo privilegiado de fazer a experiência do Senhor ressuscitado consiste em se levantar, refazer o caminho das dúvidas e, mesmo "sendo noite", testemunhar.

A narrativa de Mateus (28,1-20) não é muito diferente das anteriores. No entanto, acrescenta a informação de que houve um boato de que os discípulos teriam roubado o corpo de Jesus. As autoridades teriam pago para que a mentira fosse propagada entre o povo.

O Evangelho de João é fiel às narrativas sinóticas no que alude ao testemunho das mulheres. Depois continua com a sua proposta. As mulheres revelam o que viram, de modo que João, o discípulo amado, e Pedro correm para verificar o ocorrido. Os dois corriam um ao lado do outro, mas o discípulo amado foi mais veloz e chegou antes de Pedro ao sepulcro. Não se trata naturalmente de uma prova de velocidade, mas do seguimento do Senhor Jesus. É como se o evangelista nos dissesse que o amor é mais veloz. A graça que emerge do Ressuscitado é tão veloz que sempre chega antes.

Desse modo, os evangelhos testemunham a ressurreição a partir de uma experiência maravilhosa da intervenção do Pai. Não devem ser tomados como provas ou como sinais estrondosos do poderio de Deus. Trata-se de um testemunho de fé cheio de sentido, que levou milhões de homens e mulheres a viverem confiados ao amor do Pai. Essa confiança chegou aos nossos dias com a compreensão do Concílio Vaticano II ao afirmar que, em Jesus Cristo, sabemos o que somos.

> Na realidade, só no mistério do Verbo encarnado se esclarece verdadeiramente o mistério do homem. [...] E assim, por Cristo e em Cristo, esclarece-se o enigma da dor e da morte, o qual, fora do seu Evangelho, nos esmaga. Cristo ressuscitou destruindo a morte com a própria morte, e deu-nos a vida, para que, tornados filhos no Filho, exclamemos no Espírito: Abba, Pai! (*GS* 22).

O evento de vida, morte e ressurreição é um antecipo do nosso "destino". Viemos do coração do Pai criador e é na direção dele que caminhamos, tal como Jesus Cristo; que, com a sua vida, morte e ressurreição, iluminou toda a realidade humana.

Subiu aos céus, está sentado à direita de Deus Pai todo-poderoso

A ascensão do Senhor é testemunhada pelos evangelhos, é a culminação do evento revelador de Deus, em Jesus Cristo. O Senhor se eleva retornando ao Pai e, com a sua partida, marca um novo tempo. O que poderia ser uma triste despedida converte-se em júbilo, pois agora começa o tempo do Espírito Santo. Os discípulos que tiveram o privilégio de conviver com o Senhor no tempo de graça da sua presença, agora são convidados a continuar com a sua assistência, por meio do Espírito Santo. Este que, a partir de agora, será a força que fará possível a atualização da memória de Jesus Cristo.

Os discípulos não poderão ficar "olhando as nuvens", pois terão que retomar o caminho para anunciar e testemunhar que o Senhor ressuscitou, que venceu a morte, subiu aos céus e deixou o Paráclito, o Espírito Santo, para que o seu projeto de amor não seja esquecido. É o que afirma Lucas: "Enquanto os abençoava, separou-se deles e foi elevado ao céu. E eles, depois de se prostrarem diante dele, voltaram para Jerusalém com grande alegria" (Lc 24,51-52). Nos Atos dos Apóstolos encontramos estas observações: "E com olhos fitos no céu, enquanto Ele partia, eis que dois homens vestidos de branco puseram-se diante deles. Eles também disseram: 'Galileus, por que estais olhando para o céu?'" (At 1,10-11).

O Evangelista Marcos escreve umas linhas sobre a ascensão, o que para muitos estudiosos se trata de um acréscimo, fato que não significa falsificação, mas a urgência de dizer o que ainda não fora dito. A confirmação da tradição eclesial. Em outras palavras, as comunidades acreditaram e confirmaram desde muito cedo que o Senhor fora levado para junto do Pai. "Depois de lhes falar, o Senhor Jesus foi elevado ao céu e está sentado à direita de Deus" (Mc 16,19).

Certamente, existiam diversas tradições que narravam as experiências de fé das comunidades primitivas. A confissão da ascensão e o reconhecimento da filiação divina são expressos nessa nota do Símbolo dos Apóstolos. É uma imagem da realeza humana que expressa a consequência compreensiva de Jesus como Filho de Deus, ressuscitado e elevado ao céu pelo Pai. Trata-se da confirmação da exaltação final e o reconhecimento de Jesus Cristo como uma Pessoa da Santíssima Trindade. Era de se esperar que permanecesse junto do Pai, ocupando o lugar que lhe corresponde como o divino Filho.

Donde há de vir a julgar vivos e mortos

Voltar a um Deus que julga não significa necessariamente o retorno a um Deus juiz, mas confessar uma verdade fundamental. Cada um de nós terá de prestar contas diante do Senhor. O que parece uma linguagem ameaçadora não teria que ser assim, pois a fé nos conduz a assumir na vida o caminho proposto pelo nosso Senhor.

Vivemos neste mundo marcado pelas contradições e fraquezas humanas, onde a injustiça e a maldade parecem levar vantagem. No entanto, toda análise deve procurar evitar o maniqueísmo com a sua falsa ideia de que umas pessoas são totalmente boas e outras, totalmente más. Não existem apenas comunidades pecadoras e comunidades santas. Existem comunidades formadas por pessoas, capacitadas por guardarem na sua profundidade a marca do Deus criador, que em determinadas ocasiões tornaram-se surdas e cegas aos apelos evangélicos, de amor a Deus e ao próximo. Mas ao mesmo tempo existem pessoas, e certamente são maioria, que procuram vivenciar na sua cotidianidade o fermento evangélico, que também são fracas e sempre necessitadas da misericórdia de Deus.

Não se trata de justificar a nossa incapacidade de pormos em prática a Palavra de nosso Senhor, mas de não nos entregarmos à ideia generalizada de que o mal está vencendo no mundo. Devemos recordar com mais frequência que não estamos sós, que é Deus quem conduz a história, contando, naturalmente, com o nosso compromisso livre e cotidiano de resistência diante da avalanche de propostas que ferem o projeto do Reino deixado por nosso Senhor. Devemos confiar mais no Espírito Santo prometido por Jesus Cristo e manter a esperança.

Como devemos compreender esse "há de vir" do nosso Creio? Tratar-se-ia de sua última vinda ou seria uma bela imagem de que Ele será responsável, na hora da nossa morte, de nos fazer a pergunta essencial: meu filho, minha filha, como gastou a sua vida? Você amou o Pai, amando o próximo? Ou será, como afirma Mateus, que o julgamento acontecerá como aquele rei que chamou seus súditos? "Vinde, abençoados do meu Pai, tomai posse do reino preparado para vós desde a criação do mundo. Porque tive fome e me destes de comer, tive sede e me destes de beber, fui peregrino e me acolhestes, estive nu e me vestistes, enfermo e me visitastes, estava preso e viestes ver-me" (Mt 25,34-36). Embora a narrativa seja uma parábola um tanto maniqueísta, é uma amostra da compreensão comunitária do julgamento, conforme Jesus Cristo.

Que ninguém fique perturbado com ameaças de castigos infinitos no inferno, pois com a encarnação do Filho não existe razão para tal absurdo. Deus, segundo Jesus, é *Abba* que aguarda pacientemente o retorno de seus filhos e filhas. De modo que a imagem de um Deus juiz, capaz de condenar à perdição eterna os seus filhos, não se ajusta com o Deus de Jesus Cristo. O que não nega, obviamente, o perigo de o ser humano se perder, de fracassar como pessoa. Devemos ter cuidado sim ao assumir o Deus misericordioso em nossa vida, não imaginar que tudo seja permitido, compreendendo-o erroneamente como um "Pai permissivo". A consciência do Deus-Amor exige compromisso, pois a sua presença misericordiosa é, muito mais, uma garantia extraordinária para uma vida autêntica do que para a confiança tola e permissiva.

Continuando com a citação do Evangelho de Mateus, não podemos deixar de notar a reação dessas pessoas ao saberem que herdaram o reino a partir de suas atitudes práticas. "Senhor, quando foi que te vimos com fome e te alimentamos, com sede e te demos de beber? Quando foi que te vimos peregrino e te acolhemos, nu e te vestimos? Quando foi que te vimos enfermo ou na cadeia e te fomos visitar?" (Mt 25,37-39). O que surpreende não é a resposta do Rei que assegura que todas as vezes que fizeram com os seus "irmãos menores" fizeram com Ele, mas a total gratuidade daquelas pessoas que praticaram o bem. Elas exerceram a caridade sem esperar recompensas; fizeram isso não em vista de provável herança, mas o fizeram porque são simplesmente filhos e filhas de Deus que agiram de acordo com tal condição. E para aqueles que têm consciência do amor de Deus em sua vida de nenhum modo seria possível agir de forma diferente que pudesse ferir a verdade que já ilumina suas vidas.

Creio no Espírito Santo

A profissão de fé no Espírito Santo fecha o primeiro ponto do nosso Creio. A fé na Santíssima Trindade se completou com a inclusão do Espírito Santo em 381 no Concílio de Constantinopla, superando a centralidade cristológica de Niceia em 325. A compreensão de um único Deus proclamado em três Pessoas divinas: Pai, Filho e Espírito Santo. De modo que acreditar no Pai é o mesmo que acreditar no Filho e no Espírito Santo, aceitar o Filho significa aceitar o Pai e o Espírito Santo, professar fé no Espírito Santo significa aceitar o Pai e o Filho. Eis a comunhão de amor da nossa compreensão cristã de Deus.

Certamente o assentimento do Espírito Santo como uma das três pessoas de Deus é exclusividade cristã. De modo que, se procurarmos no Antigo Testamento, encontraremos apenas indícios dessa verdade, alusões como "força", "expressão", "qualidade" de Deus, mas não como uma pessoa divina, o que é compreensível pela aversão judaica ao politeísmo. Essa ameaça foi enfrentada pelo cristianismo com o dogma da Santíssima Trindade: único Deus em três pessoas.

No Antigo Testamento, o Espírito é feminino, *Ruah* em hebraico, compreendida em primeira instância como vida divina, que põe o homem de pé. A mentalidade bíblica semita compreende toda a vitalidade da criação de Deus graças ao Espírito. Tudo respira e tudo vive graças ao Espírito de Deus. O Espírito também pode ser compreendido como Sophia, sabedoria que provém de Deus, resguardando sempre a distância que existe entre tais qualidades de Deus e Deus mesmo.

Sabemos que Israel, ao refletir sobre o seu passado, identifica o Deus Javé, em primeiro lugar, como Aquele que o libertou da escravidão do Egito. Sendo assim, a compreensão inicial do Espírito foi a da "força" libertadora. Emerge assim a imagem do "vento impetuoso" como encontramos no Livro do Êxodo. "Moisés estendeu a mão sobre o mar, e durante a noite inteira o Senhor fez soprar sobre o mar um vento oriental muito forte, fazendo recuar o mar e transformando-o em terra seca" (Ex 14,21). Mais adiante repete-se o testemunho.

> Ao sopro das tuas narinas, as águas se amontoaram, as correntes ergueram-se como um dique, congelaram as vagas no

coração do mar. O inimigo tinha dito: vou perseguir, alcançar, repartir os despojos, saciar-me deles. Desembainharei a espada e os despojarei com minha mão. Sopraste com teu vento e o mar os recobriu, afundaram como chumbo em águas profundas (Ex 15,8-10).

Assim como a compreensão do Deus criador é tardia, certamente Israel compreendeu o Espírito como força criadora também posteriormente, uma vez que a teologia veterotestamentária privilegiou a ideia do Deus libertador ao invés do Deus criador.

No Novo Testamento, no grego, o termo equivalente a *Ruah* é *Pneuma*. De modo que da compreensão do "vento impetuoso" que esteve desde o momento da criação, entre os cristãos, a compreensão do Espírito terá uma clareza única: Ele é o mesmo Deus. Devemos lembrar, no entanto, que Jesus falou pouco do Espírito, tanto que nem Marcos nem Mateus se referem ao acontecimento importante de Pentecostes, trabalhado com mais ênfase por Lucas no seu Evangelho e nos Atos dos Apóstolos.

No Evangelho de Mateus somos informados que o nascimento de Jesus aconteceu em virtude do Espírito Santo: "A origem de Jesus Cristo, porém, foi assim: Maria, sua mãe, estava prometida em casamento a José. Mas, antes de morarem juntos, ficou grávida do Espírito Santo" (Mt 1,18). No Evangelho de Lucas, encontramos o anjo encorajando Maria a ser mãe do menino. "O Espírito Santo virá sobre ti e a virtude do Altíssimo te cobrirá de sua sombra e é por isso que o Santo gerado será chamado Filho de Deus" (Lc 1,35). No momento do batismo, João Batista também testemunha em favor de Jesus como aquele que batizará com o Espírito Santo. "Eu vos batizo com água em sinal de conversão. Depois de mim, porém, virá outro mais forte do que eu. Nem sou digno de carregar-lhe as sandálias. É Ele que vos batizará no Espírito Santo e no fogo" (Mt 3,11).

Jesus não deixou nada escrito, tudo o que os evangelistas tinham na hora de escrever eram memórias orais passadas de geração a geração. Não existiam indicações práticas sobre uma nova organização no mundo que pudesse viabilizar a proposta do Reino de Deus. A nova organização, nascida no seio do judaísmo, entendia que tudo devia ser iluminado pelo poder do Espírito Santo.

O testemunho dos Atos dos Apóstolos expressa a vinda do Espírito Santo com uma narrativa em paralelo com a história da Torre de Babel. O pano de fundo são as línguas. No Gênesis, conta-se que os homens, arrogantes, pretenderam chegar até a divindade e começaram a construir uma torre tão alta que chegaria até o Deus das alturas. Deus, ao notar a empreitada como procedimento altaneiro e pretensioso, decidiu confundi-los tornando impossível a comunicação entre eles. Começaram a falar línguas diferentes, esqueceram-se do projeto inicial e foram, cada um por seu lado, a viver a vida com o seu grupo linguístico. Eis o início da dispersão.

No Pentecostes, havia em Jerusalém pessoas de línguas distintas de diversos lugares. Pedro começou a anunciar Jesus Cristo na sua língua comum, e milagrosamente todos os que ouviram compreenderam o que o apóstolo dizia. Diferentemente da primeira narrativa, aqui não houve dispersão, mas comunhão ao redor do anúncio de Pedro. Eis a nova organização, a Igreja nascida em Pentecostes sob o anúncio apostólico, inspirado pelo vento impetuoso do Espírito Santo. Aqui não há intenção de contestar a ideia recorrente de que Jesus Cristo tivesse fundado a Igreja. O que a narrativa de Pentecostes deixa claro é que a Igreja nasceu sob a força do Espírito Santo. Daqui a importância radical de aprofundarmos a nossa compreensão da terceira pessoa da Santíssima Trindade.

No Catecismo da Igreja Católica (n. 688) temos um itinerário de atuação do Espírito Santo, o que não significa, obviamente, exclusivismo, pois compreendemos ainda que o Espírito é livre, como a sua bela imagem do vento que sopra onde quer. No entanto, esses itens nos ajudam a compreender a importância que o Espírito Santo teve na Igreja e no seu desenvolvimento.

51

O Catecismo afirma que o "Espírito Santo age nas Escrituras que Ele inspirou". Esta é certamente, ao lado de outras profissões de fé, a convicção mais antiga das comunidades primitivas que tiveram que decidir quais textos poderiam ser considerados inspirados e quais não. Formando-se, desse modo, o conjunto conhecido como Novo Testamento. A régua, ou o cânon, deixou de lado textos que não conseguiam cumprir os requisitos exigidos pela comunidade de fé. Esses livros são conhecidos como escritos apócrifos.

Da mesma forma, o Catecismo afirma que o Espírito Santo iluminou a vida da Igreja desde o começo, o que significa assegurar que a Tradição formada fora sustentada pelo Espírito do Senhor. "Na Tradição, de que os Padres da Igreja são testemunhas sempre atuais", é uma convicção que persiste na vida da Igreja. É o Espírito Santo que sustenta tudo, especialmente aqueles responsáveis primeiros. O Espírito assiste constantemente o magistério.

Afirma o catecismo que é "na liturgia sacramental, por meio das suas palavras e dos seus símbolos, em que o Espírito Santo nos põe em comunhão com Cristo". E, de modo mais íntimo, no encontro pessoal "na oração, em que Ele intercede por nós".

O Espírito Santo, na vida da Igreja, se expressa por meio dos "carismas e ministérios, pelos quais a Igreja é edificada". E ainda na vitalidade do testemunho, "nos sinais de vida apostólica e missionária". E, finalmente, assegura o catecismo, "no testemunho dos santos, nos quais Ele manifesta a sua santidade e continua a obra da salvação" (CIC 688).

Deus criou por amor, revelou o seu rosto por amor, permitiu que o mesmo Amor se encarnasse, e quis que esse amor se perpetuasse no meio de seus filhos. O que torna isso possível é a ação do Espírito, que é o modo que o Pai tem de permanecer em nós e conosco. Isso significa que, em nosso tempo, o Espírito é o rosto mais próximo de Deus, porque Ele é Deus.

Na Santa Igreja Católica

Na confissão trinitária do nosso Credo confessamos acreditar em Deus Pai, em Deus Filho e em Deus Espírito Santo. A seguir, afirmamos que também cremos na Santa Igreja Católica. Alguém poderia questionar se não estaríamos afirmando ter fé na Igreja como se ela fosse uma deusa, uma vez que utilizamos a mesma palavra "creio". Para evitar essa confusão, em latim, usa-se a preposição *in* ao se referir à fé na Trindade. Desse modo, proclamamos: *Credo in Deum Patrem, in Filium, in Spiritum Sanctum*. Ao chegarmos na confissão da Igreja não utilizamos a preposição *in*, *credo in Ecclesiam*, proclamamos simplesmente no acusativo: *Credo Ecclesiam*. Privilegiamos assim a preposição *in* para nos referirmos exclusivamente às três pessoas trinitárias.

A Igreja Católica é uma realidade evidente, isto é, ela permanece como uma das instituições mais antigas da realidade humana organizativa. Mesmo que existam estudiosos que afirmam não existir evidências históricas de que Jesus tenha fundado a Igreja, aceitam de bom grado que esse fato não seja fundamental, uma vez que a Igreja existe como realidade histórica há quase dois mil anos e permanece firme na sua fé, mais ainda com o Papa Francisco que a impulsionou, renovando de esperança os fiéis.

A Igreja nasceu iluminada pela ressurreição de Jesus Cristo. Os evangelhos testemunham que os seguidores do Senhor não chegaram a compreender os ensinamentos do Mestre, senão depois da morte e ressurreição. Mesmo que Jesus tivesse pensado em uma organização com dogmas, preceitos e rituais próprios, Ele não deixou nada escrito para autenticar tal desejo. De modo que, depois da ressurreição, que certamente significou uma realidade nova, incentivou a comunidade a se organizar.

São mais do que conhecidos os conflitos, na sociedade e no seio da Igreja, que levaram muitos homens de séculos anteriores a serem condenados pelos seus pensamentos um tanto ousados. Da "crise modernista" podemos citar a ideia de que Jesus Cristo teria pregado o Reino de Deus e, em seu lugar, teria surgido a Igreja, que de modo algum pode ser confundida com o Reino de Deus. Bastará uma leitura superficial dos evangelhos para comprovarmos que Jesus, efetivamente, jamais falou de uma Igreja tal como surgiu mais tarde. No centro da sua pregação estavam o Pai e o projeto do Reino de Deus, fundamentado na mudança de relações entre as pessoas. "Entre vós não deverá ser assim" (Mt 20,26). Mas o fato é que nasceu a Igreja inspirada pelo Espírito de Deus, Espírito de Cristo, o que nos permite afirmar que a Igreja é de Jesus Cristo.

Devemos lembrar ainda que os discípulos tiveram conflitos sobre o retorno iminente do Senhor, o *maranata*, ou seja, a convicção de que o Senhor retornaria logo. Por que o Senhor pensaria numa Igreja se ponderasse um retorno iminente? O *maranata* precisava ser reinterpretado. A Igreja, sabiamente, lançou-o para um futuro que somente Deus Pai conhecia. De modo que todos os cristãos eram chamados a viver neste mundo e a trabalhar para que o projeto sonhado do Reino de Deus se fizesse verdade.

Não podemos deixar de notar que a Igreja, como realidade histórica no mundo, precisou se adaptar ao longo dos anos para resistir e se manter. Nessa linha temporal é possível perceber momentos luminosos e momentos difíceis que teve que enfrentar. Passou de pequenas comunidades insignificantes, no seio do judaísmo, para a religião oficial do Império Romano, que moldou o mundo ocidental. De um grupo periférico, passou a consagrar reis e rainhas de nações com poderes absolutos. Até que, finalmente, os estados modernos foram compreendendo que a religião não deveria se ocupar com realidades seculares. A autoridade papal, desde 1870, foi confinada num pequeno local considerado Estado independente, o Vaticano.

Mas a Igreja não deve ser compreendida apenas como uma realidade histórica. A sua santidade provém daquele que a inspirou e a segue sustentando até os nossos dias. A Igreja, nesse sentido, pertence ao Espírito de Cristo. Certamente, nessa longa caminhada histórica, o Espírito a conduziu, respeitando as limitações daqueles que estiveram e estão à sua frente. A Igreja é Santa porque o seu inspirador é Santo, é santa porque existiram homens e mulheres que procuraram assumir em suas vidas o projeto de Jesus Cristo.

A Igreja, dentro da bela compreensão do Concílio Vaticano II, assume o rosto de uma mãe. Não que não o tenha sido na sua longa história, mas o Vaticano II assume essa imagem como proposta-modelo para o futuro. A Igreja precisa recuperar a sua ternura maternal para voltar a ser significativa para os homens e mulheres deste nosso tempo. Essa novidade é luminosa ao compararmos, por exemplo, a atitude eclesial diante de pensamentos contrários. A linguagem era arrogante e condenatória sem possibilidade de diálogos. Basta vermos os dois concílios anteriores, Trento (1545-1563) e Vaticano I (1870), para ponderarmos a magnífica evolução eclesial no que se refere à linguagem e, especialmente, à compreensão do mundo.

Não se trata de um olhar condenatório daqueles concílios, pois eles devem ser lidos e interpretados dentro de seus contextos históricos. Não devemos esquecer que foi graças ao Concílio de Trento que a Igreja retomou a necessária organização interna, confusa no caminho medieval, em todos os aspectos de sua vida. Eram tempos de crises internas e externas; mas, mesmo com todas as contradições, esse Concílio pôs em ordem a identidade católica e deu orientações práticas que guiaram a Igreja por quase meio século. O Vaticano I foi o concílio que jamais teve uma conclusão oficial, pois Roma fora atacada pelas forças revolucionárias de unidade italiana, o que levou os Padres Conciliares a abandonarem o Vaticano e o papa a ficar confinado nele. A Igreja sofria duas frentes mortais de ataques: uma política, que a obrigou a ceder as suas terras, ficando reduzida a uns poucos hectares. A outra frente de ataque era a ideológica, talvez muito mais violenta e devastadora, uma vez que a Igreja era questionada no coração de sua fé.

O Concílio Vaticano II surgiu no momento certo, necessário. E quem conhece os meandros da sua convocação sabe o significado de dizer que a Igreja é conduzida pelo Espírito Santo. O Papa João XXIII fora eleito apenas como alguém que continuaria com o andamento tradicional da Igreja até que os cardeais encontrassem um candidato apto para a função por um período mais longo. Grande foi a surpresa quando João XXIII revelou a sua intenção de convocar o Concílio e, desde então, uma bela imagem paira na cabeça dos fiéis. O Concílio abriu as portas e as janelas da Igreja para que o vento impetuoso do Espírito Santo, que faz nova todas as coisas, a renovasse.

Temos a graça de viver o tempo do pós-concílio na Igreja, este tempo no qual muito já foi feito, mas grande parte do espírito do Vaticano II permanece apenas como projeto a ser realizado. Não deixa de ser motivo de entusiasmo a eleição do Papa Francisco, quem afirmara o sonho de uma "Igreja para os pobres" como programa do seu pontificado: "Quero uma Igreja pobre para os pobres". Os primeiros anos de papado alimentam a esperança de uma vivência mais profunda das luzes do Concílio Vaticano II.

A Igreja é chamada a ser luz no mundo, um frágil sinal da presença do Reino de Deus em nossa realidade. Todos os batizados são chamados ao testemunho autêntico e os leigos ganharam um espaço extraordinário para serem "sal e luz no mundo". Não como aqueles que irão solucionar os problemas da Igreja, mas como protagonistas reais em todos os âmbitos onde são chamados a viver, sem o antigo divórcio entre vida espiritual e vida social. Onde um batizado estiver, lá a Igreja está presente, procurando testemunhar o Reino de Jesus Cristo.

A Igreja é santa, mas não devemos esquecer que também é pecadora e não devemos compactuar com os pecados que foram cometidos e que, infelizmente, acontecem. Não é possível esquecer, por exemplo, dos escândalos da Igreja chilena ou de uma Igreja indiferente diante de ditaduras ou sistemas que machucam a vida. No entanto, devemos também ter presente que a Igreja é santa, graças à santidade do seu Senhor, ao Espírito que a conduz, espelhado na vida coerente de homens e mulheres batizados que procuram viver no mundo o seu batismo com alegria.

O Concílio Vaticano II é uma declaração de confiança em Deus. A Igreja acredita plenamente no Espírito de Cristo, sendo Ele o único Senhor a guiá-la. Jesus é o nosso mestre que caminha à nossa frente e é nele que confiamos quando afirmamos o nosso Credo na Santa Igreja Católica.

Na comunhão dos santos

Crer na comunhão dos santos significa acreditar na Igreja como comunidade que caminha procurando viver o projeto do Reino de Deus no mundo. As informações que temos de "santos" nos vêm em primeiro lugar do Novo Testamento. Referem-se às pessoas que, por seguirem o Senhor, renunciaram a um antigo modo de vida que não condizia com a fé, e revestiram-se do projeto do reino apregoado por Jesus Cristo. Desse modo, esses cristãos são considerados santos.

A comunhão dos santos refere-se assim aos cristãos deste mundo, juntamente com os cristãos que já estão no mistério do Pai.

A dificuldade inicial da compreensão desse conceito decorre da concepção medieval da santidade. Esta se referia a um estado de perfeição ultrapassado que, com o advento do Concílio Vaticano II, dificilmente se sustenta. Em que consistia a santidade no passado? Em poucas palavras: na possibilidade de alcançá-la. As pessoas deviam dedicar-se a realizar certas ações requeridas pela sua fé ou exigidas pela observância religiosa. Do mesmo modo, deviam abster-se de tantas outras coisas que não convinham ao seu estado. Em outras palavras, a santidade poderia ser alcançada com práticas externas. Assim, quanto mais essas pessoas realizassem boas ações, rezassem e ficassem longe das contradições do mundo, mais cresceriam em santidade. Além disso, deve ser acrescentada a desconfiança de tudo que representava o mundo, assim como o desprezo pela corporeidade.

Com as mudanças oportunizadas pela renovação dos estudos teológicos e de outras ciências, assim como pela abertura do Concílio Vaticano II, a santidade voltou a ser compreendida em sentido bíblico. Ela passa a ser, em primeiro lugar, uma oferta gratuita de Deus. Trata-se do amor ofertado como salvação. A melhor imagem é a de Maria que, mesmo sem compreender o significado do misterioso pedido do anjo, afirma: "faça-se em mim conforme a sua vontade". Santidade é disposição ao amor oferecido por Deus. Nesse sentido, santos são todos os que assumiram Jesus Cristo em sua vida e, mesmo sem compreenderem tudo, estão disponíveis para o que Deus deseja deles. Todas as ações são posteriores, todas as buscas de perfeição, boas ações, orações, as práticas pastorais, todas essas coisas são expressões concretas de pessoas que compreenderam o amor de Deus em suas vidas. Não se trata, portanto, de abandonar as práticas, mas simplesmente de conceder a Deus a primazia do seu amor oferecido a cada um de seus filhos e filhas como oferta de amor que cura, salva e santifica. Assim também fica clara a santidade da Igreja.

Desse modo, estamos falando dos santos que formam a Igreja terrestre, ou seja, cada um de nós que, no vaivém da vida, procuramos ser sal e luz no mundo. Muito distante, portanto, da imagem dos santos de gesso que povoaram nossos templos no passado. Certamente eram bons sinais do amor de Deus por nós, mas hoje são insuficientes, pois precisamos compreender a santidade como algo mais próximo da nossa realidade.

Não temos como ignorar que, no passado, a Igreja tenha proclamado santos, quase exclusivamente, pessoas consagradas ou religiosos, o que enfatizava ainda mais a distância entre religiosos e leigos no caminho da santidade. Certamente, não haveria espaço em nossos altares se todos os santos e santas, todos os mártires, fossem canonizados pela Igreja, porque na história foram milhares e milhares de homens e mulheres que procuraram viver a sua fé em Jesus Cristo na sua cotidianidade.

Crer na comunhão dos santos significa acreditar na capacidade criativa de Deus Pai que, desde o momento da criação, deixou a sua marca em cada filho e filha, como um hálito do seu amor e chama a todos ao encontro com Ele. Tal comunhão é compreensível nessa perspectiva. Aqui na terra, os santos procuram viver a sua vida como caminheiros para o Pai, unidos pelo mesmo amor do Pai àqueles que já se encontram no mistério, aguardando o nosso feliz encontro com o criador. É o que afirma a *Lumem Gentium*: "a união dos que estão na terra com os irmãos que adormeceram na paz de Cristo, de maneira nenhuma se interrompe; pelo contrário, segundo a fé constante da Igreja, reforça-se pela comunicação dos bens espirituais" (*LG*, 49).

Certamente, a comunhão dos santos não é um convite para esquecermos a realidade do nosso mundo e pensar apenas nesse encontro final. Somos chamados, como cristãos, neste mundo, trilhando os ensinamentos de amor de nosso Mestre, a procurar melhorar a nossa realidade. Uma vez evidenciados os santos e santas do Senhor, emergem também aqueles e aquelas que se colocam no caminho para impedir que o projeto do Reino de Deus aconteça. Não se trata de uma luta do bem contra o mal, mas da presença real das contradições, pois dizíamos acima que a própria Igreja que é santa também é pecadora. Trata-se apenas de um alerta para insistirmos na necessidade de resistir às tentações e lutarmos por uma vida digna para todos os filhos e filhas de Deus, já que vivemos a nossa fé nesta realidade contraditória.

Tudo o que Deus Pai criou é bom: o universo, a terra, nossa casa, a natureza, os animais, cada ser vivo cheio de vitalidade, cada ser humano em cujo rosto brilha o amor criativo de Deus. Tudo foi criado por amor e tudo é chamado à comunhão final com Ele. Em última análise, estamos a caminho da unidade final na "comunhão dos santos".

Na remissão dos pecados

A remissão dos pecados revela a condição do ser humano e ao mesmo tempo a benignidade compassiva de Deus. Ela permanece no âmbito da fé no Espírito Santo que acompanha constantemente a Igreja. Esta, que é santa e pecadora, avança na história, de modo que todos os cristãos vivem na contradição histórica e, por isso, precisam do perdão para recomeçar a sua caminhada rumo ao encontro final com o Pai.

Influenciados pela compreensão teológica dicotômica do ser humano, herdada do platonismo, valorizamos o espiritual em detrimento da corporeidade e tudo o que a ela se refere. A desconfiança em relação à corporeidade levou a associar o pecado quase que exclusivamente à sexualidade. De modo que as pessoas confessavam essencialmente os pecados relacionados "à carne" e ignoravam aspectos fundamentais que provêm da compreensão bíblica de pecado.

Ao compreendermos o pecado apenas como desobediência às leis, as consequências são mínimas, uma vez que bastará uma confissão como é exigida e pronto. Essa ideia automática do perdão de Deus nos leva a imaginar que sejam suficientes os três Pai-nossos exigidos pelo confessor quase como pagamento pelo perdão alcançado. Para fugirmos dessa percepção, precisamos rever as atitudes de Jesus Cristo em relação à compreensão do pecado. Devemos recordar que o Mestre viveu em um tempo em que as leis eram abundantes no seio do judaísmo, 613 leis ao todo. Para não cair na visão legalista, Jesus Cristo colocou o ser humano em primeiro lugar, afirmando, desse modo, que não existe nenhuma lei mais importante do que o ser humano. Afirmava às pessoas que o procuravam que seus pecados estavam perdoados, o que significava, em outras palavras, que elas estavam aptas para retomar o caminho da vida.

Perdão para Jesus Cristo significa restauração da pessoa que, uma vez curada, poderia novamente fazer parte da comunidade da qual fora excluída por causa do pecado. Haveria assim uma recomposição do equilíbrio. Jesus compreendia o pecado como uma ruptura de relação, consequência da injustiça praticada por alguém, e não essencialmente como desobediência às leis. Essa compreensão de perdão é muito mais exigente, pois será necessário avançar e não ficar apenas na visão infantil de que fiz isto, por isso confesso, sou perdoado, digo umas orações decoradas e pronto. Aquele que se confessa deverá refletir sobre as suas relações com as pessoas, pois não há pecado maior do que aquele cometido contra o próximo, o irmão, que é o rosto visível de Deus em nossas relações. Neste sentido, compreendemos bem o sentido da impossibilidade de amar a Deus sem amar o próximo.

O perdão, desse modo, passa pelo reparo do que foi quebrado. Uma ofensa contra um irmão, uma mentira, uma calúnia, um roubo, uma infidelidade, um ato de corrupção, ou seja, uma injustiça, devem ser reparados na medida do possível para que o perdão seja verdadeiro, pois o perdão também passa pela restauração. É necessário procurar reaver o que se perdeu, devolver o que se tomou, reparar as ofensas. O corrupto deve devolver o que roubou. Quem caluniou deve confessar que mentiu. É verdade que em certas circunstâncias é impossível voltar atrás, mas quase sempre é plausível olhar para trás, pedir perdão e procurar justiça e reparação. Nada nos torna mais humanos do que a verdade, é o que nos liberta como afirmara o Mestre. Nesse sentido, o perdão comporta a necessária reparação.

Não se trata de uma condição para o perdão, embora a oração do Pai-nosso que rezamos todos os domingos em nossas comunidades nos comprometa com a sua verdade: "Perdoai-nos as nossas ofensas como nós perdoamos a quem nos tem ofendido".

Precisamos recuperar uma visão integral do ser humano e da realidade histórica. O ser humano é um todo, espiritual e corporal, que vive neste mundo, numa comunidade, onde é chamado a lutar por uma vida mais digna para todos. O cristão não pode mais se abster das suas responsabilidades, por exemplo, com a política, com a desculpa de que ela seja algo mundano e pecaminoso. A política, com todas as suas contradições, em nossos dias, é um dos meios mais eficazes para que o bem comum seja equilibrado entre todos. De modo que nosso "amor ao próximo" ficará comprometido se continuarmos com a nossa indiferença política.

No âmbito da graça, que brota do Espírito Santo que guia a Igreja, a remissão dos pecados é uma garantia a todos os fiéis para continuarem a vida com esperança confiante. A Igreja, como sinal luminoso do amor de Deus no mundo, deve continuar com o seu testemunho sacramental de amor compassivo de Deus. Ela, que recomenda, sabiamente, a todos os seus filhos a frequentarem a confissão ao menos uma vez por ano, deixa transparecer com mais força que o perdão de Deus é infinito, mas ao mesmo tempo exigente. Celebrar a compaixão de Deus no Sacramento da Confissão é tomar posse desse amor que possibilitou a vida e ao mesmo tempo uma exigência para buscar a reparação nesta vida, mesmo que isso seja difícil.

Na ressurreição da carne e na vida eterna

Afirmam as ciências sociais que as pessoas de nosso tempo não estão mais preocupadas com a vida no além. Séculos de vivências terrenas em vista do paraíso teriam saturado os seres humanos, que hoje estão mais preocupados com os afazeres do dia a dia: família, trabalho, aposentadoria, doenças, bem-estar etc. Pensar no além, na vida após a morte, teria ficado para trás, no passado medieval, recheado de medos de demônios e ameaças de condenação eterna no inferno. Essas ideias parecem ultrapassadas aos homens e mulheres contemporâneos.

No entanto, os fiéis católicos, todos os fins de semana, repetem em suas comunidades no Creio, professando que acreditam na ressurreição da carne e na vida eterna. Como podemos falar desta verdade mantendo a nossa linguagem simples e clara, mas sem descuidar aspectos importantes da nossa fé?

Precisamos retomar o que já dissemos em referência à compreensão cristã do ser humano. Não podemos esquecer que o ponto de partida do nosso Creio é a fé no Deus criador. Dessa verdade se depreende que cada ser humano carrega em si a identidade do seu criador. Em outras palavras, cada mulher e cada homem, é filha e filho do Deus criador. Eis a nossa verdade de fé primeira. O que daqui se depreende será importante para este último ponto do nosso Creio.

O ser humano na compreensão bíblica é uma unidade, formada pela sua espiritualidade e corporeidade. A visão grega platônica, entretanto, percebe o ser humano como uma realidade dual, dicotômica, formada por corpo e alma. Para esta última concepção, a morte seria uma libertação, uma vez que a alma que é imortal retornaria à sua morada para continuar a sua imortalidade e o corpo, por sua vez, desapareceria na terra. Na compreensão bíblica, entretanto, a morte não é uma libertação, mas um infortúnio, pois significa o fim da vida.

Da morte de Jesus Cristo podemos intuir que ela é causa de tristeza e desolação, e, sendo mais extremos, até poderíamos afirmar que foi o desespero que o fez gritar do alto da cruz. Em outras palavras, a morte é o fim da experiência humana na realidade terrestre, onde a vida, por ser tão rara, misteriosa e bela, deseja permanecer. Essa é uma realidade que, embora os modernos procurem negar, permanece como grande interrogação. A exuberância da vida faz questionar. Ninguém deseja morrer a não ser que alguém se encontre numa situação extrema. A vida é boa. Seu valor supera qualquer utilidade ou interesse, o seu valor reside nela mesma. A urgência da vida não deve ser utilizada como prova de nada, porque apenas é um indicativo de que guarda dentro de si anseios de futuro.

Jesus Cristo ficou três dias na mansão dos mortos; essa verdade da nossa fé indica que a morte seria o fim, caso nosso Deus criador não interviesse. Nesse sentido, compreendemos a ressurreição como recriação, Deus criador restaura a vida, recria, para devolver ao seu filho o seu "Eu", ou seja, a sua identidade.

Em Jesus Cristo, intuímos o que nos aguarda. A morte não será o nosso fim, não será a última palavra, uma vez que ela foi vencida pelo amor do Pai.

A ressurreição da carne é outro modo de afirmar que recuperaremos a nossa identidade completa. Certamente não estamos falando aqui da carne biológica, aquela que foi mudando ao longo dos anos. Desde o momento da gestação até o nosso último suspiro, a nossa corporeidade foi evoluindo, avançando e mudando constantemente. Bastará olharmos algumas fotos de alguns anos atrás para percebermos o quanto mudamos biologicamente. De modo que, ao falarmos de ressurreição da carne, não estamos nos referindo à carne corporal de algum estágio da nossa vida, mas à totalidade do nosso eu. Na ressurreição recuperaremos o que somos, o nosso eu, a nossa identidade.

Avançar e chegar a esse estágio, que apenas podemos entrever no anúncio da ressurreição de Jesus Cristo, significa ingressar na vida sem fim em Deus. Aqui está a nossa esperança, a nossa fé, o nosso Creio.

O Concílio Vaticano II, na sua belíssima constituição dogmática *Dei Verbum*, ao se referir à revelação, afirma que Deus, na sua liberdade, decidiu entrar na realidade humana, para convidar os seus filhos e filhas, a quem chama de amigos, a ingressar na sua intimidade. A resposta humana livre a esse convite significa iniciar o caminho da fé, empreender o começo da salvação que constitui a vida em Deus. Em outras palavras, os fiéis têm a possibilidade de experimentar na sua caminhada histórica a salvação que consiste em adentrar na intimidade do Pai.

Aceitar a ressurreição da carne e a vida eterna é confiar que, após a morte, essa experiência iniciada na história pessoal continuará no encontro definitivo com o Pai. Confirmando-se o que apenas podíamos intuir ao nos reconhecermos filhos e filhas de Deus, criados à imagem e semelhança dele. O Senhor permitiu que vivêssemos, graças ao seu amoroso hálito divino, que ficou em nós como parte da nossa identidade. Em certo momento da história, seguindo o seu projeto de amor, encarnou-se para nos lembrar do seu projeto do Reino e nos convidar a vivermos com Ele. Deus nos fez, viemos dele e nos dirigimos a Ele, por isso confiamos que não nos esquecerá na mansão dos mortos, assim como não se esqueceu de seu Filho amado. Desse modo, sabemos em Jesus Cristo que também ressuscitaremos e viveremos eternamente com Ele em sua morada, nessa outra realidade que apenas podemos entrever.

Eis a nossa fé e a nossa esperança. É por isso que, ao concluirmos a nossa profissão de fé, respondemos em coro com um estrondoso "eu creio, que assim seja, amém!" para prosseguir a vida com confiança e alegria.

3
O desafio do amém

O Creio professado não é uma oração, mas a confirmação da fé, um propósito, a profissão pública daquilo que está no coração da crença pessoal e comunitária. Deve ser declarado com reverência pela profundidade e pela história do seu conteúdo. Ao concluirmos a profissão, dizemos "amém" como aceitação comprometida e real do confessado. Em outras palavras, estamos asseverando estar conformes com o que acabamos de declarar.

O que significa amém?

Amém, como as outras notas do Credo, tem "cheiro" de passado, uma fragrância agradável de deserto, de caminhos e de vida. A palavra "amém" provém do mundo nômade e refere-se à estaca que serve para segurar a lona da tenda, cuja importância é vital num lugar de ventania permanente. Outra imagem bonita do sentido do amém é a da mãe que segura o filho nos braços com ternura e segurança. As duas imagens revelam algo do sentido primitivo da palavra: arrimo, força, penhor, confiança.

A raiz hebraica do termo, *'mn*, indica estabilidade e segurança, mas também significa algo que se acredita como verdadeiro, ou seja, a verdade. No Antigo Testamento, portanto, quem diz "amém" está afirmando que tudo o que sai da boca de Deus é seguro e merece crédito. O fiel se compromete solenemente a observar a aliança que

Javé fez com o seu povo (cf. ROSSANO; RAVASI & GIRANDOLA, 1996, p. 536-537).

No Novo Testamento o uso do amém reserva-se à resposta doxológica, ou seja, após a oração responde-se: Amém. "A [Ele] seja dada a glória pelos séculos dos séculos. Amém" (Gl 1,5). No entanto, devemos destacar que nos evangelhos Jesus utilizou o termo "amém" como sinônimo de "verdade". "Em verdade vos digo: já receberam a recompensa" (Mt 6,2b). "Em verdade, em verdade vos digo: antes que Abraão fosse, Eu sou" (Jo 8,58). Desse modo Jesus confirma como verdade o que Ele mesmo disse.

Do que dissemos acima, destacamos a importância do amém na resposta dada pela comunidade: cujo sentido é o assentimento, em outras palavras, afirma-se estar de acordo, que se acredita de verdade no que se reza ou no que se professa.

Impelidos pela nossa resposta do Amém, nesta última parte do livro desejamos refletir sobre o sentido fundamental do que professamos semanalmente em nossas comunidades, suas implicâncias e desafios.

Toda confissão de fé é um ato pessoal, realizado na liberdade; no entanto, ela acontece numa comunidade, o que a torna eclesial, ou seja, comunitária. Toda vez que afirmo acreditar estou afirmando que me uno aos irmãos e irmãs que professam a mesma fé e rezam a mesma oração ensinada pelo mestre Jesus: o Pai-nosso.

1 Creio e cremos em Deus Pai

Todos os pais devem ter receio de que, em algum momento, seus filhos lhes perguntem por que rezam o Pai-nosso na comunidade, de mãos dadas, e no retorno do templo, são incapazes de ver os irmãos caídos pedindo esmolas, ou perambulando pelas ruas. Como explicar para uma criança este modo esquizofrênico de entendermos a fé?

Somos irmãos na Igreja, professamos juntos a nossa fé, afirmamos que Deus é Pai, rezamos "Pai nosso que estais nos céus..." Mas na rua acabamos por ensinar aos pequenos que nem todos são irmãos e irmãs. Que o gesto de termos rezado de mãos dadas não passa de um símbolo bonito de nosso desejo de fraternidade.

Infelizmente a nossa espiritualidade com frequência é superficial, mecânica e repetitiva. É triste constatar que a confissão de fé e as orações não passam de palavras vazias que repetimos infinitas vezes. O que fazer?

Assumir de verdade e com seriedade o que professamos e rezamos. A fé não é moda ou uma tradição estéril incapaz de produzir vida. A fé, para que seja autêntica, precisa mudar o nosso coração, a nossa mente e as nossas atitudes.

Se acreditamos que Deus é Pai com um coração de mãe como nos revelou Jesus Cristo, a primeira consequência básica é que Deus é Pai de todos. Nesse momento, alguém vai reclamar e dizer que sabemos tal verdade desde sempre. Sabemos, mas não estamos convencidos de que seja verdade, pois a sua consequência faz estremecer qualquer um. Somos todos irmãos e um irmão não pode ser perigo para o outro, não pode corromper o outro, não pode tirar a vida do outro. Então, quando nos damos as mãos para rezar a oração do Pai-nosso, desejamos que quem esteja ao nosso lado seja um parente e não um desconhecido. Pois é mais fácil o sentimento fraternal com um parente.

Esse ponto da nossa fé é básico, é impossível continuarmos a caminhada sem aceitar de verdade que Deus é Pai. A aceitação não nos livra e nem nos capacita para sairmos por aí e dizer que amamos a todos. Não se trata disso. A conversão consiste em alimentar um olhar fraterno a todos os filhos e filhas de Deus, com realismo, deixando de lado a ingenuidade de que os outros são bons. Eles geralmente não o são, pois são como nós, caminheiros, contraditórios, que também precisam aprender do Mestre Jesus o caminho do seu Reino.

A conversão é necessária para que a fé não seja uma paródia, um jogo cheio de boas intenções, sem incidência na vida real de nossos irmãos e irmãs. Deus é Pai, assim o professamos e rezamos todos os fins de semana. É uma verdade tão grande que precisamos assumir com humildade pedindo, diariamente, ao Espírito Santo que nos auxilie nessa mudança de percepção. Deus é Pai e nós somos irmãos.

2 Creio e cremos no Deus criador

Deus, além de Pai, é Criador. Isso reforça a nossa fraternidade, mas agora vamos mais longe, pois se somos chamados a respeitar a todos os filhos e filhas de Deus, também devemos acolher toda a sua obra. O ser humano pode ser a consciência dentro da criação, por isso tem o comprometimento de cuidar dela, de continuar a obra iniciada por Deus, de ser cocriador e não a pior ameaça para si mesmo e para toda a criação.

A criação precisa ser colocada em primeiro lugar. O que significa isso? Algo muito simples: o ser humano não é o centro da criação, faz parte dela, mas não é a sua estrela. O centro de tudo é a ação criadora de Deus. A ciência confirma que a vida não surgiu até encontrar possibilidades adequadas na Terra. A Sagrada Escritura, com a sua linguagem alegórica, alerta sobre isso. O ser humano foi criado por último. Essa verdade não deve despertar nenhum sentimento de inferioridade, pois a questão não reside em ter sido criado primeiro ou não, mas no fato de termos nascido das mãos criadoras de Deus. A nossa dignidade reside em sermos "imagem e semelhança de Deus".

Privilegiar a primazia da criação nos permite vislumbrar, por exemplo, que primeiro veio o amor criativo de Deus que fez tudo. A criação, desse modo, é o rosto gracioso e gratuito de Deus, expressão do seu imenso amor. Qualquer teologia que deseje continuar colocando o ser humano no centro de tudo seguirá no equívoco de ver, por exemplo, no pecado original maior importância do que na ação amorosa de Deus na sua criação. A primazia é da criação, o ser humano e as suas contradições vêm depois.

Outro aspecto impossível de ignorar é o imperioso cuidado com o resto da criação, com a nossa casa comum, obra do amor de Deus. Aqui é imprescindível termos um espírito aberto para acolhermos todas as ciências, todas as religiões, todas as sabedorias culturais, capazes de contribuir no cuidado da natureza, de todos os seres vivos. É tão atual a citação de Paulo que afirma que toda a criação geme como em dores de parto (cf. Rm 8,21-23). A natureza sofre com a loucura da corrida humana pelo lucro, que entende a natureza criada como oportunidade de exploração e ganhos, e destrói tudo para produzir e vender mais.

Afirmar que cremos no Deus criador nos torna responsáveis por toda a criação. É urgente resgatarmos uma mística que nos devolva o olhar carinhoso com todos os seres vivos. Nesse sentido, o querido São Francisco pode nos auxiliar a ter uma visão mais ampla e um coração aberto para percebermos e respeitarmos todos os seres como nossos irmãos que exigem proteção.

3 Creio e cremos em Jesus Cristo

Confessar que acreditamos em Jesus Cristo significa aceitar o caminho que Ele nos propõe, ou seja, a proposta do Reino de Deus. Esse Reino não é uma promessa pós-morte, mas uma proposta para alcançarmos a vida plena aqui na terra. O sinal mais contundente da importância da história é o fato de Jesus Cristo ter ingressado na nossa história, assumindo a nossa humanidade. Para Jesus esta história não é um "vale de lágrimas", não tem que ser, certamente é imoral que o seja para uma boa parcela da população.

"Entre vós não há de ser assim", afirmou o Senhor explicitando que a proposta do Reino se centra na mudança de relações. "Não seja assim entre vós, mas o maior seja como o menor, e quem manda, como quem serve" (Lc 22,26). A formação de novos laços serve como paradigma do que deve ser a nova sociedade, ou seja, a sociedade cristã. "Aquele que fizer a vontade de Deus, esse é meu irmão, minha irmã e minha mãe" (Mc 3,35). A nova família não será a tradicional, a patriarcal, mas aquela que se forma ao redor da escuta da Palavra do Pai. No Evangelho de Marcos encontramos uma pista interessante:

> Pedro, então, começou a dizer-lhe: "Eis que nós abandonamos tudo e te seguimos". Jesus em resposta disse: "Em verdade vos digo, não há ninguém que, tendo abandonado casa ou irmãos ou irmãs ou mãe ou pai ou filhos ou campos por minha causa e do Evangelho, não receba já no tempo presente cem vezes mais casas, irmãos, irmãs, mães, filhos e campos no meio de perseguições, e no mundo vindouro, a vida eterna" (Mc 10,28-30).

Certamente não foi uma falha de Marcos não ter incluído "pais" na lista da promessa que os seguidores receberiam nesta vida. É um modo indireto de indicar que para Jesus a nova família não pode repetir o patriarcalismo tradicional, no qual há uma hierarquia radical fundada na superioridade e não no serviço. É por isso que Jesus afirma a seguir, nesse mesmo capítulo, "assim, porém, não há de ser entre vós; ao contrário, se algum de vós quiser ser grande, seja vosso servidor" (Mc 10,43). Há uma inversão de valores que resultou revolucionária naquela sociedade patriarcal, de domínio imperial, escravagista, religioso e machista.

Quem estuda a história do cristianismo logo perceberá o limite entre a proposta de Jesus Cristo e a realidade dos cristãos no mundo: a disparidade entre a mensagem e a realidade das mulheres, dos africanos escravizados, dos indígenas da grande América. A proposta de uma "relação diferente" nem sempre funcionou, mas também não foi um completo fracasso. Até os nossos dias os desafios continuam, embora o próprio cristianismo tenha colaborado para avançar no que se refere à valorização do ser humano, de sua liberdade e de sua dignidade.

Em outras palavras, a proposta de uma família humana, formada por todos os filhos e filhas de Deus, ainda está aberta, como tarefa a ser realizada. É esse desafio que deve nos impulsionar a procurar renovar a nossa fé e confiança em Jesus Cristo. Ele assegurou que somos capazes de amar, de praticar a justiça e de procurar a verdade. Ele sabe das nossas capacidades, pois foi um de nós, assumiu a condição humana com realismo.

Assim, professar a fé em Jesus Cristo é tornar-se um discípulo, um seguidor que está a caminho aprendendo constantemente com o seu Mestre. Eis a urgência de recuperarmos a Boa-nova, isto é, o Evangelho. É urgente uma espiritualidade que não ignore o "Deus--conosco", que não deixe de lado o Jesus histórico, o Jesus real, profético, que viveu em sua vida a paixão por Deus Pai e por todos os filhos e filhas de Deus.

Jesus Cristo nos revelou o rosto amoroso de Deus e, ao mesmo tempo, nos mostrou o que somos e o que nos aguarda. Somos impelidos, neste mundo, a deixarmos transparecer em nós Deus, pois como afirma a *Dei Verbum*: Jesus veio nos convidar para entrarmos no coração do Pai, agora mesmo, nesta nossa vida (n. 2).

4 Creio e cremos no Espírito Santo

A partir da nossa compreensão trinitária de Deus, professamos nossa fé no Espírito Santo não apenas como uma qualidade de Deus ou como a sua ação no mundo, mas como sua presença real no mundo.

Uns equívocos levaram alguns cristãos à associação mecânica do Espírito Santo com a adoração. O Espírito Santo merece louvor e adoração, tanto quanto a pessoa do Pai e do Filho. A espiritualidade provinda do pentecostalismo enfatiza "esta função" do Espírito Santo. Trata-se de uma tremenda redução dessa Pessoa da Santíssima Trindade. Sem relativizar a importância da adoração e do louvor, não podemos perder de vista que estamos diante do mesmo Deus que perpassa o mundo.

Uma doença humana de nosso tempo é o individualismo e a solidão. Consequência de um modo de organização social, o individualismo vem da exasperada procura de autonomia, o que certamente é um valor humano irrenunciável. Mas reconhecer-se um acaso no mundo, sem direção e sentido, provavelmente nos conduz à mais triste solidão. Há uma consciência moderna e pós-moderna de que estamos sós. Os profetas do niilismo cantam seus versos exaltando o sem sentido e a solidão completa.

No entanto, quem se alimenta da fé em Jesus Cristo deve tomar com seriedade a sua promessa de que, na sua ausência física, deixaria o Paráclito, o Espírito Santo, a presença do Pai e do Filho no mundo. Não podemos nunca afirmar que estamos sós, uma vez que este mundo é inundado pela presença divina, cujo rosto atual é o Espírito Santo, garantia da presença graciosa do amor de Deus em nosso meio.

A urgência de uma espiritualidade centrada em Jesus Cristo não pode ignorar esta verdade; acreditamos que a Pessoa do Espírito Santo é o Deus vivo que sustenta a Igreja no mundo. É o Espírito Santo que nos faz dizer: "Deus é o meu Pai". É o Espírito que torna reais as palavras de Jesus: "onde dois ou três estiverem reunidos em meu nome, eu estarei no meio deles" (Mt 18,20). Desse modo, o Espírito Santo é a garantia da Igreja peregrina, do nosso modo de agir, de vivenciarmos o Evangelho, das nossas pastorais desenvolvidas em nome de Jesus Cristo. Tudo deve ser realizado sob a direção de Deus no mundo que é o Espírito Santo.

Ecoam as palavras de Paulo à comunidade de Corinto no que se refere ao Espírito Santo. Paulo convida todos os fiéis a procurarem o dom do Espírito Santo, de preferência a profecia:

> Empenhai-vos em procurar a caridade. Aspirai também aos dons espirituais mas sobretudo ao da profecia. Aquele que fala em línguas, não fala para os homens e sim para Deus. Ninguém o entende, pois fala coisas misteriosas sob ação do Espírito. Aquele, porém, que profetiza, fala para os homens, para edificá-los, exortá-los e consolá-los (1Cor 14,1-3).

A dimensão profética decorrente da fé no Espírito Santo como o Deus que sustenta, consola, e atualiza a memória de Jesus Cristo, impele a nossa espiritualidade e a nossa prática pastoral para ações concretas. Esse papel atualizador das palavras, gestos e ações de Jesus deve nos motivar a seguir procurando em nossa vida pessoal e comunitária a implantação do projeto do Reino de Deus que se explicita na busca da verdade, da justiça e da vida abundante para todos. "Vim para que todos tenham vida, e a tenham em abundância" (Jo 10,10).

5 Creio e cremos na Igreja Católica

A profissão de fé na Igreja Católica é consequência da fé no Espírito Santo. Não se trata de uma apropriação de Deus, o que seria muita pretensão, uma vez que o Espírito Santo sopra onde quer. Mas aceitar que a Igreja nasceu inspirada pelo Paráclito é reconhecer que quem guia a Igreja é o Espírito Santo.

O Credo afirma que a Igreja é santa, mas é formada por pessoas, assim ela também é limitada. A religião como organização é muito mais humana, mesmo que quem a inspirou seja santo e quem a sustenta seja o próprio Espírito Santo.

A supervalorização eclesial levou com frequência a nos esquecermos do coração do projeto de Jesus que é a implantação do Reino de

Deus no mundo. A Igreja Católica perdeu muito tempo, no passado, procurando a sua própria edificação e não a do Reino de Deus. A crítica, no entanto, não impede que encontremos em seu rastro a procura de vida digna para todos.

É importante não identificarmos Reino com Igreja, porque esta última é apenas uma mediação, um testemunho, uma pequena luz que procura subsistir no meio de uma forte ventania. Já teria sucumbido se dependesse apenas de suas forças, pois toda a sua parte humana foi falha e continua sendo até a atualidade. Ainda bem que ela nasceu sob a inspiração de Jesus ressuscitado na força de Pentecostes. Mesmo assim, a Igreja é peregrina neste mundo. Avança devagar, ora com mais erros do que acertos, ora com mais acertos do que erros.

A urgência de uma espiritualidade exige também a conversão eclesial como um todo, isto é, não apenas dos fiéis leigos. A Igreja precisa reconhecer os seus limites, erros, pedir perdão pelas suas omissões para avançar com a cabeça erguida, confiante em Jesus, nosso Senhor. Ela precisa confiar mais naquele que a sustenta, o Espírito Santo, neste tempo de caos e desafios em todas as instâncias da sociedade.

A Igreja, enquanto comunidade, precisa reavivar o seu primitivo amor, retornando à primeira fonte que é o Evangelho de Jesus Cristo. A comunidade não pode ser um mero refúgio de práticas rotineiras da fé, muitas vezes esclerosada, incapaz de produzir vida. A comunidade precisa se abrir, recuperar o brio e, como afirma o Papa Francisco, alimentar-se do frescor do Evangelho, pois apenas desse modo ela conseguirá cumprir a missão mais importante que é levar Jesus.

> A Igreja não é uma loja, nem uma agência humanitária; a Igreja não é uma ONG, mas é enviada a levar a todos Cristo e o seu Evangelho; ela não leva a si mesma – seja ela pequena, grande, forte, ou frágil, a Igreja leva Jesus e deve ser como Maria, quando foi visitar Isabel. O que levava Maria? Jesus. A Igreja leva Jesus: este é o centro da Igreja, levar Jesus! Se, por hipótese, uma vez acontecesse

que a Igreja não levasse Jesus, ela seria uma Igreja morta! A Igreja deve levar o amor de Jesus, a caridade de Jesus (*Audiência geral*, 23/10/2013).

As comunidades de fé precisam recuperar a alegria do testemunho, do contrário elas não serão mais atrativas às crianças e jovens sem a alegria contagiante de Jesus. Por muito tempo a Igreja pregou de modo ameaçador, a vida humana corria constantemente perigo de se perder para sempre, a sua linguagem impregnada de intimidações talvez tenha sido útil em certo estágio da história, mas não serve mais na atualidade. É preciso ouvir as intuições do Concílio Vaticano II e alimentar um olhar positivo sobre a realidade do mundo e das pessoas. O Papa Francisco nos alerta: "que a Igreja se torne uma casa para muitos, uma mãe para todos os povos, e torne possível o nascimento de um mundo novo. É o Ressuscitado quem nos diz, com uma força que nos enche de imensa confiança e firmíssima esperança: 'Eu renovo todas as coisas' [Ap 21,5]" (*EG* 288).

Por outro lado é preciso lembrar que as comunidades são formadas por caminheiros, discípulos e discípulas, aprendizes do encontro com Jesus Cristo, que procuram pôr em prática o pedido de Jesus: "entre vós deve ser diferente". O desafio é gritante se considerarmos a sociedade onde somos chamados a testemunhar, entregue às crises, além da econômica, também moral, existencial, política. A corrupção generalizada de nossos governos exaspera a qualquer cristão. Pois é justamente nessa sociedade que somos chamados a testemunhar a alegria do Evangelho, como pede o Papa Francisco, e a viver a nossa fé.

6 Creio e cremos na santidade hoje

Não faz muito tempo, a santidade era considerada uma renúncia ao mundo, de modo que se alguém quisesse "alcançar" a santidade devia evadir-se do mundo, evitando as "tentações". O mundo era visto como a "casa do demônio" de onde o ser humano devia fugir. Nada de política, nada de diversão, nada de prazer, o mundo é fonte de pecado e maldade, um "vale de lágrimas". A santidade era compreendida como renúncia a si mesmo, a pessoa fazia o possível ou o impossível para deixar de ser humana, usava roupas pesadas e tristes, algo que cobrisse tudo, pois até mesmo a forma bonita do corpo poderia ser sequela da maldade, abusava-se da penitência, o sofrimento do corpo era visto como caminho de perfeição.

Graças a Deus, hoje compreendemos a santidade numa perspectiva muito mais ampla; pois, com a abertura do Concílio Vaticano II, retornamos à Sagrada Escritura, recuperamos a alegria das bem-aventuranças e das Bodas de Caná. Valorizamos a alegria do abraço do Pai ao filho mais novo que se perdera na vida, alegria daqueles que são considerados benditos e benditas do Pai porque alguém estava com fome, com sede, nu, doente, na cadeia, migrante e foram atendidos nas suas necessidades. Essas pessoas são santas porque amaram os seus irmãos, fizeram as coisas sem esperar recompensa, tanto que nem sabiam que tinham feito tudo aquilo, foram gratuitos com os seus irmãos e irmãs (cf. Mt 25,35-40).

A santidade hoje deve ser compreendida antes de tudo como a perfeição do Pai, "Sede perfeitos, portanto, como o Pai celeste é perfeito" (Mt 5,48). Muitos ficaram assustados com essa proposta, pois entendiam que era impossível ser perfeito como o Pai; esquecemos, porém, que fomos feitos à "imagem e semelhança dele". A nossa humanidade é um reflexo do Pai. Ele nos fez humanos, homens e mulheres, e não nos dotou de esplendorosas asas, porque não somos anjos, somos humanos e foi Deus quem nos fez assim. Parece tão óbvio, mas para muitas pessoas não é. Devemos ser perfeitos sendo humanos, pois a única perfeição possível passa pela nossa humanidade.

Quanto mais humanos formos, mais seremos parecidos com o Pai, uma vez que conheceremos o nosso coração, todas as nossas qualidades e defeitos, e procuraremos caminhar na busca de humanização.

E, conhecendo o que somos, procuraremos ser misericordiosos com todos, reconhecendo que a perfeição não é algo matemático, mas um caminho que percorre toda a dureza da vida cotidiana.

A santidade compreendida como renúncia é esquizofrênica porque se trata de uma batalha contra si mesmo, perde-se muita energia procurando vencer tentações e deixa-se de lado a vida diária, a humanidade. Pessoas assim podem ser cheias de boas intenções, alcançar uma aparente perfeição, uma vez que não saem da igreja, mas humanamente são falhas porque elas mesmas se colocaram como parâmetros de perfeição.

A "santidade equilibrada" exige assumir a nossa humanidade, naturalmente devemos compreendê-la bem para não cairmos em equívocos. Humanidade não significa condescendência com os equívocos, erros, pecados ou defeitos. Não significa aceitar tudo em nome da humanidade. Não se trata de desculpas, do tipo "sou humano, então posso me enganar, posso pecar, posso ser limitado". Aceitar a condição humana exige esforço para que apareça o melhor de nós, fazer a nossa parte para que a "imagem e semelhança de Deus" não se torne uma marca escura e triste em cada um de nós.

O testemunho bíblico afirma que Deus, ao vislumbrar o homem e a mulher, gostou muito do que viu (cf. Gn 1,31). No entanto, costumamos esquecer o brilho da imagem divina em nós e vamos trilhando caminhos que nos afastam dessa imagem. A desumanização consiste na tristeza empobrecedora do que somos. Fomos feitos para a alegria e para a luminosidade, mas somos tristes; feitos para o amor, mas não temos tempo para ele; feitos para viver com os outros, mas preferimos o isolamento; feitos para a compaixão, mas somos cruéis; feitos para acolher, mas julgamos as pessoas pela cor, pela religião ou pelo gênero. A santidade passa pela humanidade: quanto mais humano, mais divino, pois sendo totalmente humanos estaremos assumindo a imagem de Deus em nós, o seu espírito que nos dá vida; assim, a santidade autêntica passa pela nossa frágil humanidade.

O mundo está a caminho da desumanização, os cristãos devem lembrá-lo do quanto é belo o significado de ser humano. Devemos encher o mundo de gestos humanos, porque cada um dos gestos autenticamente humanos são gestos cristãos. Não estão em contradição. Ser santo é acolher Deus em nós, aceitar que realmente somos "imagem e semelhança dele", é deixar-se conduzir, assumir a beleza de ser filho e filha de Deus.

Trata-se, portanto, de assumir o amor gratuito na vida, colocar os maravilhosos "óculos de Deus" e começar a enxergar o mundo com a visão do amor e da compaixão. O mundo, que é a nossa casa, se torna o lugar perfeito para vivermos a nossa vida, então, como um segundo passo, podemos fazer as coisas. A primazia é do amor de Deus, a nossa prática será o seu reflexo.

Nesse sentido, embora seja posterior, a nossa pastoral é importante, a nossa ação é fundamental, mas não é a pastoral nem a prática o que nos torna santos. Elas expressam o nosso amor e justamente por isso é tão importante.

Existem pessoas que se convencem de que são santas porque rezam, outras pensam que são santas porque praticam a caridade, outras ainda imaginam que são santas porque fogem do mundo, o qual consideram algo profano. As pessoas devem rezar porque é preciso expressar o imenso amor de Deus Pai por cada um de nós, devem praticar a caridade porque o amor do Pai provoca a ação. O mundo como obra do Deus criador não pode ser lugar profano, se existe injustiça e dor nele, será preciso lutarmos para melhorá-lo. O mundo é a nossa casa, o cristão não pode fugir do mundo, ao contrário, deve abraçá-lo, pois é a nossa casa comum, lugar onde os filhos de nossos filhos procurarão viver em paz.

A santidade não é renunciar a si mesmo, é assumir com misericórdia o que somos e procurar que a "imagem do Criador" não se apague em nós. Certamente não seremos exaltados como as figuras de mármore sobre os altares das igrejas, mas se procurarmos a fidelidade ao brilho de Deus em nós, com certeza seremos felizes, bem-aventurados, pois seremos fiéis ao sopro divino que habita em nós e nos faz viver todos os dias.

7 Creio e cremos na remissão dos pecados

O conceito de pecado como mera desobediência às leis induziu muitos fiéis a um relacionamento burocrático com Deus. A confissão compreendida como um mecanismo quase automático de purificação levou os católicos a uma relação com Deus de constante barganha. A confissão é um dos sacramentos mais bonitos, uma experiência maravilhosa da misericórdia de Deus, mas ela é esvaziada ao tornar-se refúgio de consciências perturbadas pelo não cumprimento de leis.

É verdade que na Contemporaneidade o conceito de pecado foi se diluindo a ponto de ser ignorado. Para uma boa parte das pessoas, falar de pecado é como falar de algo tão medieval quanto desconhecido. Até mesmo no meio católico não é estranho ouvir frases como: "na minha vida privada faço como eu quero". É urgente recuperarmos aspectos existenciais e antropológicos do pecado para escaparmos dos frios conceitos legais, sem negar a sua importância.

Uma sadia espiritualidade deve brotar da nossa fé, o que será exigente, se não impossível, caso não mudarmos a compreensão que temos de pecado. O legalismo é o modo mais básico de religiosidade, tão criticado por Jesus em confronto do judaísmo daquela época, pautado sobre a lei de pureza.

O pecado, antes de ser desobediência às leis, é uma quebra de relação com o outro que identificamos como injustiça. Os pecados que deveriam ser considerados "mortais" são aqueles que praticamos contra o próximo. Como é possível confessar que acreditamos num Deus que é Pai, Criador, e ao mesmo tempo praticamos o mal contra nossos irmãos? Como nos atrevemos a comungar tranquilamente se praticamos ações que negam a vida de nossos irmãos? É preciso que a injustiça seja reparada.

Um grande corrupto que deixou na miséria milhares de famílias, que entende pecado como desobediência às leis, confessa os seus pecados e é perdoado. No entanto, se o pecado é quebra de relações e prática de injustiça, o perdão deveria levar à conversão, ou seja, esta pessoa deveria devolver o que roubou, para que o círculo do perdão se cumpra. Não se trata de condicionar o perdão, mas de mostrar a seriedade das suas consequências. É fácil confessar, cumprir a penitência imposta pelo sacerdote, o desafio é reestabelecer o que foi quebrado. No Evangelho de Lucas, após Jesus ter ingressado na intimidade de sua casa, Zaqueu compreendeu muito bem que seria impossível segui-lo sem se converter, por isso disse que devolveria o que não fosse seu. Jesus exaltou o seu gesto afirmando que a salvação entrara naquela casa (cf. Lc 19,1-10).

Jesus Cristo é a salvação, é o perdão que, ao entrar na casa da nossa vida, deve nos transformar. Daqui a importância da mudança de atitudes. O pecado tem a ver com minha falta de amor a Deus e ao próximo. As leis, os mandamentos, devem nos indicar o que não deveríamos fazer no confronto com o próximo, com os outros, porque o amor está por cima das leis.

Certamente Deus perdoa sempre os nossos pecados, mas tal verdade não pode ser banalizada com práticas infantis de observância ou não das leis. A maturidade espiritual exige uma relação diferente com Deus e com o próximo, pautada não na observância de leis, mas no amor, cujas consequências são práticas. Não é possível amar a Deus sem amar os irmãos ou pretender ser um cristão sendo injusto com os próximos.

8 Creio e cremos na ressurreição

Embora a espiritualidade medieval tenha insistido na tristeza da culpa, do pecado, do perigo do inferno, da compreensão do mundo como lugar de sofrimentos, ninguém pode negar que a vida é bela. A exuberância da vida nos abre perspectivas de querer viver sempre mais. O anseio por mais vida indica que todo ser humano, no seu íntimo, guarda sonhos de ser mais, de eternidade. A sua negativa por findar evidencia indiretamente que almeja avançar e crescer. Nesse sentido, a morte aparece como um infortúnio no percurso. O desejo não cria o objeto do seu desejo, ou seja, querer mais vida é incapaz de inventar a ressurreição. De modo que a aspiração somente pode aguardar algo completamente novo que independe de suas forças.

Confessar a fé na ressurreição é confiar na força criadora e amorosa de Deus Pai. Não se trata de uma esperança vazia, nascida apenas de desejos humanos de não morrer. Em Jesus Cristo, temos uma antecipação da nossa realidade. O testemunho da ressurreição do Senhor moveu os primeiros cristãos a sair pelo mundo, a anunciar tal verdade sem temer sequer o martírio.

A ressurreição é uma verdade de fé que pode iluminar a nossa vida. Assumir o que professamos deve reverter em atitudes de confiança e alegria. A vida cristã precisa ser mais alegre e confiante, pois somos portadores da Boa-nova carregada de salvação, cujo rosto mais belo é o amor do Pai por cada um de nós, expresso na sua encarnação em Jesus Cristo, o Filho amado que nos fez herdeiros do projeto do seu reino, na presença do Espírito Santo. Somos chamados, por isso, a alimentar uma espiritualidade que não perca de vista a ressurreição, pois ela nos indica constantemente a direção, o destino, da nossa existência.

A ressurreição é uma meta carregada de esperança, pode iluminar a nossa vida de fé pessoal e comunitária. O nosso Deus é criador, amoroso, consolador que não nos abandona nunca. Professar essas verdades todos os finais de semana deveria nos motivar a desejar mais vida para todos, não apenas após esta vida, mas principalmente aqui e agora, nesta realidade da qual somos responsáveis como cristãos no mundo.

Uma espiritualidade fundada sobre a esperança é carregada de sentido e conduz à alegria de sermos cristãos neste mundo. Uma pastoral inspirada na ressurreição não há de deixar de promover a busca pela vida abundante para todos. A fé na ressurreição compromete a vida integralmente, por isso em todas as comunidades se há de promover a vida nas suas mais variadas formas, como fez Jesus Cristo.

9 Creio e cremos na vida eterna

Os críticos da religião afirmam que a ideia da vida eterna serviu às religiões para distrair os fiéis das suas responsabilidades sociais e comunitárias. Estar ocupados com o olhar para o céu pode ser sim uma distração, pois enquanto isso os "espertos" aproveitam para usufruírem sozinhos do que é de todos. Os primeiros cristãos também sofreram essa tentação, ao esperarem o retorno imediato do Senhor. Após a ascensão alguns ficaram com os olhos fixos nas nuvens, paralisados com a esperança do retorno imediato. "Galileus, por que estais olhando para o céu?" (At 1,11).

A ideia da vida eterna pode ser uma distração se for colocada fora da realidade humana. Ela é uma promessa, mas deve começar aqui para que seja credível. Não se trata de provar a sua realidade ou não; mas, existencialmente, teria que começar aqui como uma experiência boa. O Evangelista João dá pistas para refletirmos sobre o tema. "Ora, a vida eterna consiste em que te conheçam a ti, único Deus verdadeiro, e a Jesus Cristo que enviaste" (Jo 17,3). Em outras palavras, todos os que conhecem Jesus Cristo em sua vida já começaram a experimentar a vida eterna.

Não podemos perder de vista essa ideia da vida eterna, que é um horizonte, pois somos caminheiros neste mundo, e a seriedade da nossa fé se há de expressar na qualidade da comunidade humana que somos capazes de criar. A vida em abundância para todos deve começar aqui e agora. Do contrário, estaremos distraídos observando as nuvens, desejosos de escapar desta realidade, a qual somos chamados a melhorar.

A vida de Jesus plasmada nos evangelhos pode nos ajudar muito na compreensão dessa verdade. Jesus, imbuído de espírito de amor e paixão pelo Reino de Deus, não criou uma espiritualidade qualquer que pudesse servir para acalmar consciências e olhar o mundo futuro ignorando o presente. Ao invés disso, Jesus foi o aconchego do Pai para os pequenos e perigo para os detentores do poder. Jesus foi acolhida, esperança de dignidade para os considerados pecadores, endemoninhados, impuros, doentes e todos os oprimidos daquele tempo. Jesus Cristo foi assassinado não por falar de Deus, mas porque pôs em perigo uma estrutura de poder opressor, um sistema religioso e político dominante.

Ser cristão hoje não pode se restringir a participações rotineiras nas comunidades, resultado de meras observações moralistas de mandamentos. O cristão que professa a sua fé semanalmente não pode ser simples repetidor de preceitos, mas alguém comprometido com as atitudes, palavras e ações de Jesus Cristo. O empenho cristão por uma comunidade humana mais justa é urgente. "Entre vós deve ser diferente", foram palavras de Jesus concernentes às relações. É urgente devolver humanidade à sociedade; humanidade e cristianismo andam juntos, pois, por princípio, não podem se contrariar. O profundamente cristão deve ser profundamente humano e vice- -versa. O humano deturpado rejeita o cristianismo porque o vê como ameaça e o cristianismo deturpado é um perigo para a humanidade mais saudável.

Para uma espiritualidade equilibrada, será preciso caminhar sem tirar os olhos dos céus, mas sem deixar de caminhar. Aqui a espiritualidade e a pastoral andarão juntas, pois a primeira deve expressar-se por meio da segunda. A pastoral será, desse modo, a expressão da nossa intimidade com Deus. Intimidade madura e profunda que nos permite avançar com alegria e confiança, procurando seguir o caminho do Reino deixado por Jesus Cristo. A vida eterna deverá ser boa como a vida atual, eis a importância da busca de uma vida digna para todos os filhos e filhas de Deus, tal como Jesus Cristo procurou.

Professar a nossa fé na vida eterna é uma confiança transbordante no amor de Deus e no seu projeto de salvação. Estamos a caminho como humildes discípulos que desejam aprender ainda mais do seu mestre. O tempo que nos cabe viver e "enfrentar" exigirá de nós transparência e verdade, mas, além disso, pedirá que sejamos como foi o nosso Mestre: aconchego, acolhida e cura para todos os nossos irmãos, especialmente para aqueles que não contam com mais ninguém a não ser com Deus.

10 Sim, eu creio, nós cremos

A fé vai além da profissão de fé. O Creio é um belo itinerário da riqueza cristã que une séculos de história, vida, resistência e fé. Ao afirmar "eu creio" ingressamos no mundo pessoal, íntimo, de acolhida do dom do amor de Deus, de resposta na tentativa de viver como Jesus viveu, optando por lutar e defender a vida. Em outras palavras, com a fé pessoal respondemos ao convite que o Filho nos fez para ingressarmos na intimidade de Deus. No entanto, a fé cristã não é uma espiritualidade desencarnada que possa ser vivida apenas no âmbito da intimidade. O cristianismo é um olhar para Deus e para o próximo ao mesmo tempo, o que exige compromisso real. Daqui a importância da comunidade de fé. Aqui professamos a nossa fé comum: "nós cremos".

O cristianismo seria incompreensível sem a comunidade, aliás, não existe Igreja sem comunidades, podem existir hierarquia, templos, rituais etc., mas sem as pequenas comunidades de fé o cristianismo não seria possível. E podemos inquirir a razão dessa exigência. A resposta é fácil, uma vez que o nosso modo de viver Deus acontece por meio do amor ao próximo. Esse amor não pode ser um sentimento, uma filosofia, um belo discurso, mas é preciso que se mostre na realidade: os famintos devem ser saciados, os doentes curados, os presos visitados, os migrantes acolhidos. O lugar privilegiado da vivência deste caminho é a comunidade de fé, onde as relações deverão ser diferentes.

Pequenas comunidades de fé que procuram viver o amor, a esperança e a alegria são os rostos alegres da Igreja. Essas comunidades que se reúnem semanalmente para renovar a fé, fortalecer a esperança e projetar caminhos para testemunhar melhor o rosto maternal e amoroso da Igreja com gestos concretos para com os mais pobres também professam o Creio com convicção. Cremos em Deus que é Pai e Criador, no Filho Jesus Cristo, cujo projeto do reino procuramos pôr em prática com o nosso cuidado aos mais pobres, no Espírito Santo que, sustentando e animando a Igreja, sustenta e anima a nossa caminhada.

Creio e cremos nessa Igreja que vive novo ardor com a presença carismática do Papa Francisco, renovado frescor de confiança no Deus trino: Pai e Filho e Espírito Santo. O papa nos convida a testemunharmos uma Igreja maternal que seja capaz de se aproximar de seus filhos, de todos os seus filhos, daqueles que estão próximos e daqueles que por alguma razão se afastaram. A Igreja deve cuidar de seus filhos e filhas com ternura e curar as suas feridas.

> Vejo a Igreja como um hospital de campanha depois de uma batalha. É inútil perguntar a um ferido grave se tem o colesterol ou o açúcar altos. Devem curar-se as suas feridas.

Depois podemos falar de todo o resto. Curar as feridas, curar as feridas. [...] E é necessário começar de baixo. A Igreja por vezes encerrou-se em pequenas coisas, em pequenos preceitos. O mais importante, no entanto, é o primeiro anúncio: *Jesus Cristo te salvou*! (SPADARO, 2013).

O Papa Francisco lança um desafio à Igreja, não apenas aos ministros, mas para todos os fiéis: termos a audácia de sair de nossos templos para testemunhar a fé nos ambientes onde vivemos.

Em vez de ser apenas uma Igreja que acolhe e recebe, tendo as portas abertas, procuramos mesmo ser uma Igreja que encontra novos caminhos, que é capaz de sair de si mesma e ir ao encontro de quem não a frequenta, de quem a abandonou ou lhe é indiferente. Quem a abandonou fê-lo, por vezes, por razões que, se forem bem compreendidas e avaliadas, podem levar a um regresso. Mas é necessário audácia, coragem (SPADARO, 2013).

O desafio para cada um de nós está lançado. Professar a fé, com coragem e audácia, todos os fins de semana em nossas comunidades. É ainda um convite a olharmos para o futuro com esperança e alegria em sintonia com as palavras de nosso Mestre, que nos encoraja a sermos sal que dê sabor à sociedade na qual vivemos e sermos luz neste mundo, do qual somos corresponsáveis com o nosso Deus criador. "Vós sois o sal da terra... Vós sois a luz do mundo... É assim que deve brilhar vossa luz diante dos homens, para que vejam as boas obras e glorifiquem vosso Pai, que está no céu" (Mt 5,13-16).

Referências

AMBRÓSIO DE MILÃO. *Sobre os sacramentos*. São Paulo: Paulus, 2014.

Didaqué. São Paulo: Paulus, 2014 [Padres Apostólicos, 3].

FRANCISCO. *Evangelii Gaudium*. Cidade do Vaticano: Libreria Editrice Vaticana, 2013 [Disponível em http://www.vatican.va/content/francesco/pt/apost_exhortations/documents/papa-francesco_esortazione-ap_20131124_evangelii-gaudium.html].

_____. *Gaudete et Exsultate*. Cidade do Vaticano: Libreria Editrice Vaticana, 2018 [Disponível em http://www.vatican.va/content/francesco/pt/apost_exhortations/documents/papa-francesco_esortazione-ap_20180319_gaudete-et-exsultate.html].

JUSTINO DE ROMA. *I e II apologias*. São Paulo: Paulus, 2014.

KELLY, J.N. *I simboli di fede della Chiesa antica – Nascita, evoluzione, uso del credo*. Nápoles: EDB, 2009.

PIO XII. *Humani Generis*. Cidade do Vaticano: Libreria Editrice Vaticana, 1950 [Disponível em http://www.vatican.va/content/pius-xii/pt/encyclicals/documents/hf_p-xii_enc_12081950_humani-generis.html].

ROSSANO, P.; RAVASI, G. & GIRANDOLA, A. (orgs.). *Nuovo Dizionario di Teologia Biblica*. Turim: San Paolo, 1996.

SPADARO, A. *Entrevista ao Papa Francisco*. Cidade do Vaticano, 19/08/2013 [Disponível em http://www.vatican.va/content/francesco/pt/speeches/2013/september/documents/papa-francesco_20130921_intervista-spadaro.html].

Coleção Formação Cristã
Coordenador: Welder Lancieri Marchini

- *Conhecer o Creio que professamos*
  Oscar Maldonado

- *Conhecer a Missa que celebramos*
  Antônio Sagrado Bogaz / João Henrique Hansen

- *Conhecer o Ano Litúrgico que vivenciamos*
  Pe. Rodrigo Arnoso, CSSR / Pe. Thiago Faccini Paro

LEIA TAMBÉM:

A hora é agora

Por uma Espiritualidade Corajosa

Joan Chittister

"Notícia de última hora: o mundo é um campo minado de diferenças. Não há dúvida quanto a isso. A direção que escolhermos, nesta nova encruzilhada do tempo, não só afetará o futuro dos Estados Unidos, como irá determinar a história do mundo. O futuro depende de virmos a tomar decisões sérias sobre o nosso papel, pessoal, na formação de um futuro que atenda à vontade de Deus para o mundo, ou então meramente escolher sofrer as consequências das decisões tomadas por terceiros, que pretendem impor a sua própria visão do amanhã.

Este é um momento atemorizador. Em cada encruzilhada, cada um de nós tem três possíveis opções."

(Passagem retirada do Prólogo)

* * * *

RESUMO

Em seu último livro, Joan Chittister — uma força arrebatadora e instigadora em prol da justiça social e ardorosa defensora da fé individual e da plenitude da realização espiritual — bebe da sabedoria dos profetas, os de outrora e os de agora, para nos ajudar a confrontar os agentes sociais que oprimem e silenciam as vozes sagradas entre nós.

Ao emparelhar os *insights* bíblicos com as narrativas dos proclamadores da verdade que nos antecederam, Chittister oferece aos leitores uma visão irresistível para combater a complacência e nos impelir na criação de um mundo de justiça, liberdade, paz e autonomia.

Para os cansados, os rabugentos e os temerosos, esta mensagem revigorante nos convida a participar de uma visão de mundo maior do que aquela em que vivemos imersos hoje. Isto é espiritualidade em ação; isto é ativismo prático e poderoso para os nossos tempos.

CULTURAL
Administração
Antropologia
Biografias
Comunicação
Dinâmicas e Jogos
Ecologia e Meio Ambiente
Educação e Pedagogia
Filosofia
História
Letras e Literatura
Obras de referência
Política
Psicologia
Saúde e Nutrição
Serviço Social e Trabalho
Sociologia

CATEQUÉTICO PASTORAL
Catequese
　Geral
　Crisma
　Primeira Eucaristia
Pastoral
　Geral
　Sacramental
　Familiar
　Social
　Ensino Religioso Escolar

TEOLÓGICO ESPIRITUAL
Biografias
Devocionários
Espiritualidade e Mística
Espiritualidade Mariana
Franciscanismo
Autoconhecimento
Liturgia
Obras de referência
Sagrada Escritura e Livros Apócrifos
Teologia
　Bíblica
　Histórica
　Prática
　Sistemática

VOZES NOBILIS
Uma linha editorial especial, com importantes autores, alto valor agregado e qualidade superior.

REVISTAS
Concilium
Estudos Bíblicos
Grande Sinal
REB (Revista Eclesiástica Brasileira)

VOZES DE BOLSO
Obras clássicas de Ciências Humanas em formato de bolso.

PRODUTOS SAZONAIS
Folhinha do Sagrado Coração de Jesus
Calendário de mesa do Sagrado Coração de Jesus
Agenda do Sagrado Coração de Jesus
Almanaque Santo Antônio
Agendinha
Diário Vozes
Meditações para o dia a dia
Encontro diário com Deus
Guia Litúrgico

CADASTRE-SE
www.vozes.com.br

EDITORA VOZES LTDA.
Rua Frei Luís, 100 – Centro – Cep 25689-900 – Petrópolis, RJ
Tel.: (24) 2233-9000 – Fax: (24) 2231-4676 – E-mail: vendas@vozes.com.br

UNIDADES NO BRASIL: Belo Horizonte, MG – Brasília, DF – Campinas, SP – Cuiabá, MT
Curitiba, PR – Fortaleza, CE – Goiânia, GO – Juiz de Fora, MG
Manaus, AM – Petrópolis, RJ – Porto Alegre, RS – Recife, PE – Rio de Janeiro, RJ
Salvador, BA – São Paulo, SP